Jiri Scherer

Kreativitätstechniken

Jiri Scherer

Kreativitäts-techniken

In 10 Schritten Ideen finden, bewerten, umsetzen

GABAL

Bibliografische Information der Deutschen Nationalbibliothek

Die Deutsche Nationalbibliothek verzeichnet diese Publikation in der Deutschen Nationalbibliografie; detaillierte bibliografische Daten sind im Internet über http://dnb.d-nb.de abrufbar.

ISBN 978-3-89749-980-5

Lizenzausgabe für Jokers der beim GABAL Verlag unter der ISBN 978-3-89749-736-8 erschienenen Originalausgabe.

2. Auflage 2009

Lektorat: Ute Flockenhaus, Fischerhude
Umschlaggestaltung: +malsy Kommunikation und Gestaltung, Willich
Innengestaltung: Patrizia Grab
Satz und Layout: Lohse Design, Büttelborn
Druck und Bindung: Salzland Druck, Staßfurt

Inhalt

Einleitung 9
Neue Ideen sind gefragt! 9
Barrieren verhindern kreatives Denken .. 10
Vorurteile gegenüber Kreativität 11
Wahrheiten über Kreativität 11
Wie Sie kreativer werden 12
Von der Absicht zur Innovation 13

Zum Aufbau des Buches 14

Der DO-IT-Ideenprozess 16

Arbeiten im Team 18

Phase Definieren

1 Analysieren 21
Informationen sammeln 23
Gedankenfelder 25
Mind Mapping 27
Selbstanalyse 29
Umweltanalyse 31
Soll-Ist-Vergleich 33

2 Formulieren 35
Wörter austauschen 37
Multiple Perspektiven 39
Bilder statt Worte 41
Warum? 43
Anforderungen 45

Phase Öffnen

3 Aktivieren 47

»Ja, und …« versus »Ja, aber …« 49

Verwendungszwecke 51

Ideen-Tennis 53

4a Produzieren 55

Bildstimulation 57

Morphologischer Kasten 59

Reizwortanalyse 61

Semantische Intuition 63

Brainwriting 65

Brainstorming 67

Kundennutzen-Matrix 69

Kopfstand 71

4b Differenzieren 73

Ersetzen 75

Kombinieren 77

Übertragen 79

Vergrößern 81

Anderer Verwendungszweck 83

Verkleinern – Eliminieren 85

Umstrukturieren – Vertauschen 87

Phase Identifizieren

5 Auswählen 89

Neue Ideen 91

Dot-mocracy (1) 93

6 Bearbeiten 95

Vorteile/Nachteile 97

Abstraktion 99

Scamper 101

Phase Identifizieren

7 Bewerten 103
Nutzwertanalyse 105
PMI – Plus Minus Interessant 107
Portfolioanalyse 109

8 Dokumentieren 111
Skizze/Modell 113
Ideensteckbrief 115

9 Priorisieren 117
Six Thinking Hats 119
Dot-mocracy (2) 121

Phase Transformieren

10 Umsetzen 123
Maßnahmenplan 125
Ideenkommunikation 127
Recycling 129

Literaturverzeichnis 131
Internetlinks 132
Über den Autor 133

Einleitung

Neue Ideen sind gefragt!

Die Begriffe Kreativität und Innovation sind hochaktuell. Kreative Ideen und Innovationen sind gefragt und für die Mehrheit der Unternehmen entscheidende Wettbewerbsfaktoren.

Produkte und Dienstleistungen gleichen sich immer mehr an. Wettbewerbsvorteile können nur noch durch laufende Innovationsbemühungen gehalten werden. Rosabeth Moss Kanter, ehemalige Herausgeberin der Harvard Business Review, hat es folgendermaßen formuliert: »The secret of innovation is that it gives you a temporary monopoly. It means that you can charge more for it.«

Trotzdem wird das Suchen und Finden neuer Ideen oft dem Zufall überlassen und in Unternehmen nicht gezielt gefördert.

Eine Reihe von Kreativitätstechniken, die im Laufe der letzten 80 Jahre stetig weiterentwickelt wurden, können Ihnen bei der Suche nach neuen Ideen helfen. Die wirkungsvollsten Techniken wurden hier zusammengefasst. Sie dienen als Katalysator für Ihren Ideenfluss.

Einsatzmöglichkeiten des Buches

Ziel beim Schreiben des Buches war es, ein einfaches und bedienungsfreundliches Kreativitätswerkzeug für die Arbeit im Team oder alleine zu bieten.

Die vorgestellten Techniken eignen sich für das Suchen von neuen Ideen oder für das Verfeinern von Bestehendem. Mit ihrer Hilfe finden und bewerten Sie Ideen für neue Produkte und Dienstleistungen sowie für Marketing und Verkauf.

Das vorliegende Buch kann überall eingesetzt werden, wo kreative Ideen gesucht sind.

Barrieren verhindern kreatives Denken

Menschen sind mit einem großen kreativen Potenzial geboren. Schauen Sie einem Kleinkind beim Spielen etwas genauer zu. Es findet bestimmt über 20 Verwendungszwecke für einen Bleistift! Wie viele finden Sie?

Warum bereitet es uns Erwachsenen oft so viel Mühe, kreativ zu sein?

- **In den Schulen wird Kreativität nicht gefördert**
  In der Schule ist es wichtig, Wissen auswendig zu lernen und wiederzugeben. Etwas Neues zu kreieren, ist weniger gefragt. Dass es absurd wäre, wenn sich jeder Schüler seine eigene Schrift oder seine eigenen mathematischen Regeln kreierte, ist nachvollziehbar; die angeborene Kreativität verkümmert jedoch.

- **Kreativitätstechniken sind nicht bekannt**
  Mit den Kreativitätstechniken ist es wie mit allen anderen Fertigkeiten: Sie müssen erlernt und geübt werden.

- **Risikovermeidung als menschliche Eigenschaft**
  Eine bekannte Persönlichkeit sagte: »Wenn Sie nicht von Zeit zu Zeit auf die Nase fallen, ist das ein Zeichen, dass Sie nichts wirklich Innovatives tun.« Zu viele Leute haben Angst, einen Fehler zu machen. Wenn Sie aber kreative Ideen umsetzen wollen, müssen Sie bereit sein, gewisse Risiken einzugehen. Wichtig ist, dass Sie mögliche Risiken kennen und diese richtig einschätzen.

Vorurteile gegenüber Kreativität

Nur wenige Menschen sind kreativ!
Falsch! Jede und jeder hat ein kreatives Potenzial, das aber zuerst aktiviert werden muss. Die Kreativitätstechniken helfen Ihnen dabei.

Ich muss nicht kreativ sein!
Falsch! Wenn Sie alles so machen, wie Sie es schon immer gemacht haben, werden Sie stets zu den gleichen Resultaten gelangen. Wenn Sie kreativ denken, kommen Sie in einer unbeständigen Welt besser zurecht.

Kreative Menschen sind immer auch erfolgreich!
Falsch! Kreative Menschen haben oft nicht die Fähigkeit, ihre Ideen auch umzusetzen. Um Ideen zu finden und zu implementieren, sind unterschiedliche Fähigkeiten gefragt.

Wahrheiten über Kreativität

Kreativität ist ein Prozess.
Richtig! Eine Idee wird durch eine Abfolge von verschiedenen Schritten gefunden. Meist durchlaufen wir diese Schritte unbewusst und über einen längeren Zeitraum hinweg.

Kreativität ist die Kombination von Bekanntem.
Richtig! Die hier präsentierten Techniken zeigen auf, wie Sie Bekanntes neu strukturieren, kombinieren, umkehren, mischen, zweckentfremden und ausweiten oder wie Sie ganz einfach einen neuen Standpunkt einnehmen.

Kreativität kann verbessert werden.
Richtig! Kreativität ist wie ein Muskel. Je öfter Sie Ihre Muskeln trainieren, desto stärker werden sie.

Wie Sie kreativer werden

Haben Sie schon einmal festgestellt, dass in Stelleninseraten Kreativität eine der meistgenannten Anforderungen an einen Bewerber oder eine Bewerberin ist?

Wie werden Sie nun kreativer? Hier einige Tipps:

- Denken Sie bewusst in Bildern. Versuchen Sie, Ihr Problem oder Ihre Fragestellung zu »sehen«. Zeichnen Sie ein Bild.
- Halten Sie die Augen offen. Beobachten Sie. Versuchen Sie stets, Verbindungen von Gesehenem und Erlebtem zu Ihrer Fragestellung zu ziehen.
- Nehmen Sie einen anderen Weg zur Arbeit. Joggen Sie Ihre übliche Laufstrecke in der entgegengesetzten Richtung.
- Seien Sie sich bewusst, dass es immer mehrere Möglichkeiten gibt. Versuchen Sie für jede Fragestellung mindestens drei verschiedene Lösungen zu finden.
- Nehmen Sie kleinere Risiken in Kauf.
- Stellen Sie Fragen: Warum ist es so, wie es ist? Könnte es nicht auch anders sein?
- Sprechen Sie mit Menschen aus anderen Branchen oder mit anderen Interessen. Finden Sie heraus, was deren Ideen zu Ihrer Fragestellung sind.
- Nehmen Sie Gegebenes nicht als »sakrosankt« hin. Alles kann verändert werden.
- Suchen Sie stets nach dem Positiven. Es gibt genügend Leute, die die negativen Seiten hervorheben.
- Finden Sie heraus, wann Sie am kreativsten sind. Gewisse Menschen sind morgens kreativ, andere nachts.
- Tragen Sie immer einen Notizblock bei sich. Schreiben Sie Ideen sofort auf, bevor sie vergessen werden.
- Mir persönlich fallen die besten Ideen beim Waldlauf ein. Ich trage stets ein Diktafon mit, um Ideen sofort festzuhalten.

Von der Absicht zur Innovation

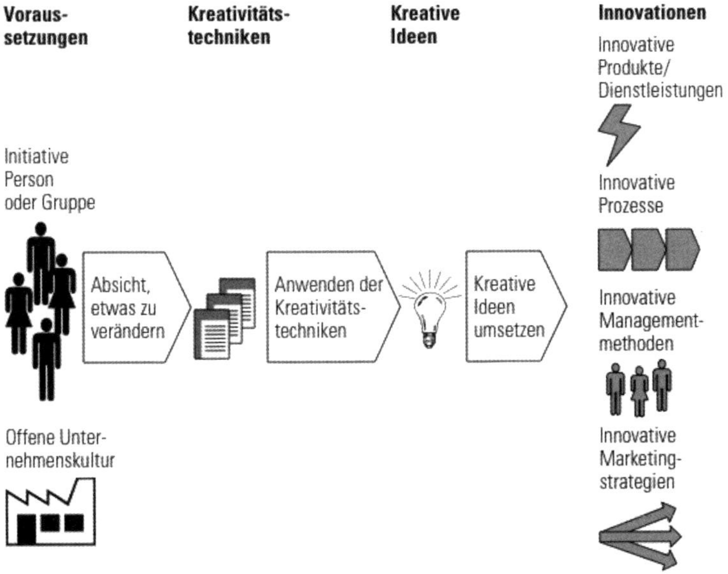

Definition von Kreativität und Innovation

Kreativität ist die Fähigkeit, …

… Bestehendes neu zu kombinieren oder auf ungewöhnliche Art zu brauchen,

… bisher nicht begangene Wege zu beschreiten,

… mehrere Lösungen für eine Fragestellung zu finden.

Innovation ist das Ergebnis aus der Umsetzung einer kreativen Idee.

Kreatives Denken	=	**Input**
Innovation	=	**Output**

Zum Aufbau des Buches

Dem Buch liegt der DO-IT-Ideenprozess (**D**efinieren, **Ö**ffnen, **I**dentifizieren, **T**ransferieren) zugrunde. Auf der Suche nach neuen Ideen durchschreiten wir, wenn auch unbewusst, mehrere Phasen. Ziel des Buches ist es, diesen Prozessverlauf bewusst zu machen und klar zu strukturieren.

Die vier Prozessphasen

Der DO-IT-Ideenprozess ist in vier Phasen und zehn Schritte gegliedert:

- **Definieren** des Themas
  1. Analysieren
  2. Formulieren
- **Öffnen** des Ideenstroms
  3. Aktivieren
  4. A Produzieren
  4. B Differenzieren
- **Identifizieren** der besten Ideen
  5. Auswählen
  6. Bearbeiten
  7. Bewerten
  8. Dokumentieren
  9. Priorisieren
- **Transformieren** der Ideen
  10. Umsetzen

Die zehn Schritte

Für jeden Schritt ist eine gewisse Anzahl von Methoden beschrieben. Um die einzelnen Schritte klar zu unterscheiden, wurde jedem eine Farbe und ein Symbol zugeordnet.

Die Methoden

Jede Methode steht für sich alleine und hat keinen direkten Bezug zu den anderen Methoden (Ausnahme Schritt »Auswählen«).

Folgende Informationen finden Sie zu den einzelnen Methoden

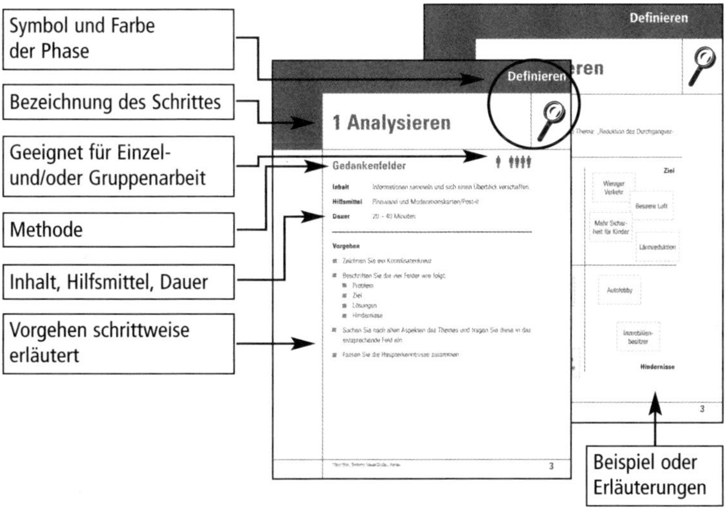

Einsatz der Methoden

Um zu einem umsetzbaren Ergebnis zu gelangen, ist es wichtig, alle zehn Schritte zu durchlaufen. Die Wahl und die Reihenfolge der einzelnen Methoden ist Ihnen jedoch freigestellt. Sie müssen nicht mit sämtlichen Methoden arbeiten; wählen Sie diejenigen Techniken aus, welche Ihnen am meisten zusagen.

Dieses flexible Vorgehen stellt sicher, dass der Ideenprozess auch nach mehreren Durchgängen interessant bleibt.

Nehmen Sie sich für die Phase »Definieren« ausreichend Zeit. Das Problem auf den Punkt zu bringen und die Frage klar zu formulieren sind die beiden schwierigsten und entscheidendsten Schritte des Ideenprozesses. Ist Ihnen oder den Teilnehmenden eines Workshops nicht klar, wo das Problem liegt oder wo nach Lösungen gesucht werden soll, so wird das Ergebnis nicht zufriedenstellend ausfallen.

Der DO-IT-Ideenprozess

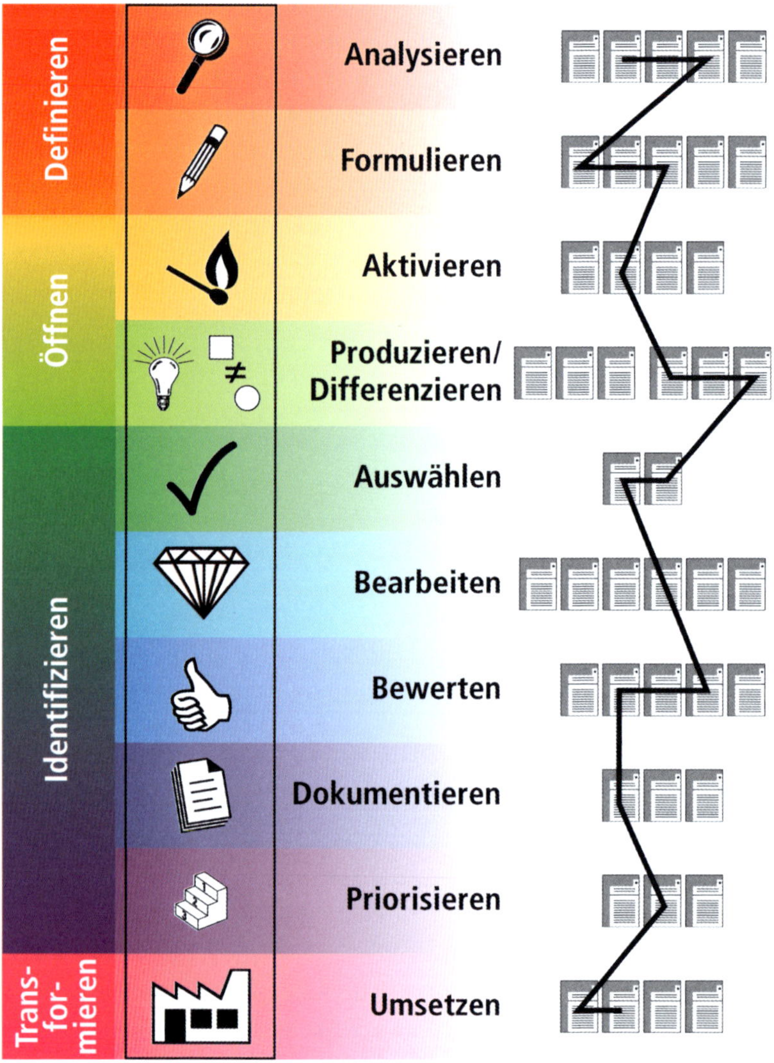

Grundsätze zur Phase »Öffnen«

Beachten Sie während der Ideengenerierung Folgendes:

- **Quantität vor Qualität** – Zu Beginn ist es wichtig, möglichst viele Ideen zu finden. Die Qualität der Ideen wird erst in den späteren Schritten bewertet.

- **Ideenfindung und -bewertung trennen** – Stellen Sie sicher, dass die Phase »Öffnen« und die Phase »Identifizieren« getrennt sind. Zuerst Ideen finden und erst dann bewerten.

- **Keine Kritik** – Kritik ist in dieser Phase nicht gestattet!

- **Alle Ideen akzeptieren** – Schreiben Sie alle Ideen auf, die genannt werden.

- **Auf bestehenden Ideen aufbauen** – Anstatt Ideen von anderen Teilnehmenden zu kritisieren, suchen Sie nach den Stärken der Ideen und entwickeln Sie darauf aufbauend weitere Ideen.

- **Unter Zeitdruck arbeiten** – Setzen Sie sich ein knappes Zeitlimit. Wenn Sie unter Druck arbeiten, haben Sie keine Zeit, Ihre Ideen zu kritisieren.

- **Mehrere Lösungen** – Seien Sie sich bewusst, dass es nie nur einen richtigen Weg gibt.

- **Alle Ideen äußern** – Auch wenn eine Idee als unmachbar erscheint, nehmen Sie sie trotzdem auf. Eine wilde oder verrückte Idee bringt Sie und die anderen Teilnehmenden auf weitere Ideen.

- **Schalten Sie Ihren inneren Kritiker aus!**

Wichtig: Eine Idee besteht nicht bloß aus einem Stichwort, sondern mindestens aus einem Subjekt und einem Verb.

Vermeiden Sie Killerphrasen wie:

- Das haben wir schon letztes Jahr versucht!
- Dafür haben wir kein Geld.
- Wir haben das noch nie so gemacht.
- Wenn das nur so einfach wäre.
- Ich als Experte kann Ihnen sagen, dass …
- Das kann so nicht funktionieren!

Arbeiten im Team

Alleine oder in der Gruppe? Wer ist kreativer, der Einzeldenker oder die Gruppe? Wissenschaftliche Studien haben untersucht, welcher Weg zu den besseren Ergebnissen führt. Die Untersuchungen konnten die Frage nicht schlüssig beantworten. Es wurden folgende Vor- und Nachteile der Gruppenarbeit gefunden:

Vorteile der Gruppenarbeit	Nachteile von Gruppenarbeit
■ Das kollektive Wissen einer Gruppe ist größer als das Wissen eines Einzelnen. ■ Eine Idee wird besser akzeptiert, wenn die involvierten Personen an der Ideenfindung beteiligt waren. ■ Die Gruppe deckt ein breiteres Suchfeld ab. ■ Risiken werden in der Gruppe fundierter bewertet. ■ Bei Weiterentwicklungen von Ideen fällt das Gruppenergebnis besser aus.	■ Eine Gruppe benötigt mehr Zeit, um zu einem Ergebnis zu gelangen. ■ Teilnehmende können sich gehemmt fühlen, Ideen zu äußern. ■ Gruppendruck verhindert ungewöhnliche Denkansätze. ■ Vorgesetzte oder starke Persönlichkeiten können die Gruppe dominieren. ■ Wirklich innovative Ideen werden oft abgeschwächt oder versinken in einem Kompromiss.

Die Erfahrung hat gezeigt, dass das Alternieren von Einzel- und Gruppenarbeit gute Resultate liefert.

Tipps zur Teamarbeit

Zusammensetzung

Vorteilhaft sind Gruppengrößen von ungefähr sieben Teilnehmenden. Wichtig ist, dass sich Menschen unterschiedlichen Alters und Geschlechts und aus verschiedenen Fachbereichen in einer Gruppe befinden. Zählen Sie mehr als zehn Teilnehmende, bilden Sie zwei oder mehrere Gruppen.

Moderator

Bei der Gruppenarbeit ist ein Moderator unerlässlich. Es sollte eine erfahrene Persönlichkeit zum Einsatz kommen. Das Resultat hängt maßgeblich von der Führungsarbeit des Moderators ab.

Visualisierung der Ideen

In der Phase »Öffnen« wird eine Vielzahl von Ideen generiert. Es ist empfehlenswert, jede Idee auf Post-it-Zettel zu schreiben und an eine Wand (Packpapier) zu kleben. Sie können auch mit Pinnwand und Moderationskärtchen arbeiten. Dieses Vorgehen hat den Vorteil, dass alle Ideen stets sichtbar und von Neuem strukturierbar sind.

Vorbereitung des Workshops

- Definieren Sie den Ablauf des Workshops, indem Sie die Methoden wählen, mit denen Sie arbeiten möchten.
- Setzen Sie sich Ziele. Wollen Sie 100 oder 200 Ideen generieren?
- Halten Sie die Teilnehmenden psychisch wie physisch in Bewegung. Halten Sie einzelne Sequenzen im Stehen ab, lassen Sie die Teilnehmenden Ideen präsentieren, organisieren Sie ein Ideenwettrennen oder schieben Sie kleinere Auflockerungsübungen zwischen die einzelnen Schritte ein.
- Stellen Sie ausreichend Geränke und Essen zur Verfügung. Ein leerer Magen denkt nicht gern – ein überfüllter allerdings auch nicht!

Analysieren

Inspiration is the impact of a fact on a prepared mind.
Louis Pasteur

1 Analysieren

Ziel des 1. Schrittes

Ideen zu den verschiedensten Themen finden und bewerten. Thema verstehen und sich klar werden, wo nach neuen Ideen gesucht werden soll.

Hinweise und Tipps

- Nehmen Sie sich genügend Zeit, das Thema vollständig zu erfassen und zu verstehen.
- Je genauer und umfassender Sie ein Thema ausgelotet haben, desto effizienter können Sie neue Ideen produzieren.
- Schränken Sie anfangs das Suchfeld nicht zu sehr ein. Begeben Sie sich auf eine Metaebene und betrachten Sie sich und Ihre Umwelt von oben.

1 Analysieren

Informationen sammeln

Inhalt So viele Informationen zum Thema sammeln wie möglich. Neue Ideen bestehen aus einer Kombination von bereits bekannten Elementen.

Hilfsmittel Siehe nächste Seite

Dauer Mehrere Tage

Vorgehen

- Überlegen Sie sich, wo Sie nach Informationen zu Ihrem Thema suchen könnten.
- Es ist empfehlenswert, Informationen aus ganz unterschiedlichen Quellen zu beziehen.
- Suchen Sie auch nach Bildern, Grafiken und Videos.

1 Analysieren

Informationen sammeln

Mögliche Quellen für Informationen:

- Diskussionen mit Freunden und Bekannten
- Magazine und Zeitungen
- Internet
- Stadtbummel
- Reisen
- Finanzberichte lesen
- Gespräche mit Spezialisten
- Analyse von Konkurrenzprodukten
- Hinterfragen der Werbung
- Museen und Ausstellungen
- Einkaufstour
- Kauf von Komplementärprodukten
- Bilddatenbanken
- Zeitungsarchive
- Kinobesuch
- Buchhandel
- Fragen, fragen, fragen …

1 Analysieren

Gedankenfelder

Inhalt Informationen sammeln und sich einen Überblick verschaffen.

Hilfsmittel Pinnwand und Moderationskarten/Post-it

Dauer 20 – 40 Minuten

Vorgehen

- Zeichnen Sie ein Koordinatenkreuz.
- Beschriften Sie die vier Felder wie folgt:
  - Problem
  - Ziel
  - Lösungen
  - Hindernisse
- Suchen Sie nach allen Aspekten des Themas und tragen Sie diese in das entsprechende Feld ein.
- Fassen Sie die Haupterkenntnisse zusammen.

1 Analysieren

Gedankenfelder

Beispiel von Gedankenfeldern zum Thema »Reduktion des Durchgangverkehrs in Wohngebieten«:

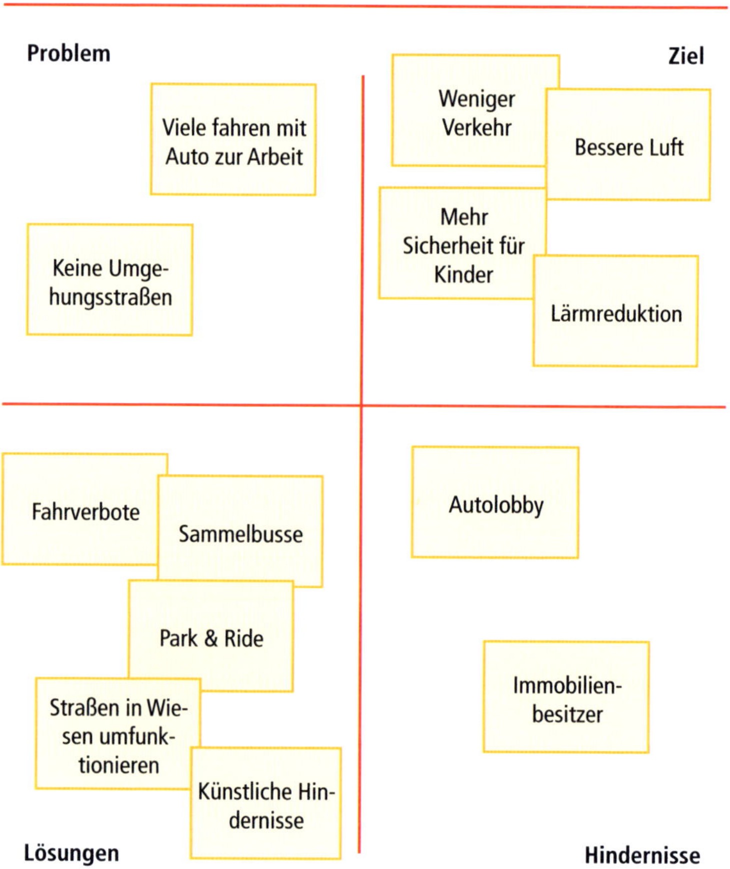

1 Analysieren

Mind Mapping

Inhalt Strukturieren und Visualisieren eines komplexen Themas.

Hilfsmittel Unliniertes Schreibpapier/Farbstifte

Dauer 10 – 30 Minuten

Vorgehen

- Legen Sie das Schreibpapier im Querformat vor sich hin.
- Schreiben Sie das Thema in zwei bis vier Stichworten in die Mitte des Blattes.
- Vom Zentrum aus zeichnen Sie Hauptäste, die das Thema in einzelne Unterthemen aufgliedern. Beschriften Sie die Äste in Stichworten.
- Den Hauptästen fügen Sie beliebig viele Zweige und Nebenzweige bei, die Sie wiederum in Stichworten beschriften.
- Zeichnen Sie neue Äste und Zweige, bis Sie das ganze Thema erfasst haben.
- Anstelle von Stichworten können Sie auch Piktogramme einsetzen. Symbole und Bilder machen Ihre Mind Map noch wirkungsvoller. Gebrauchen Sie Farben!

1 Analysieren

Mind Mapping

Beispiel einer Mind Map, die bei der Konzeption des Buches entstand:

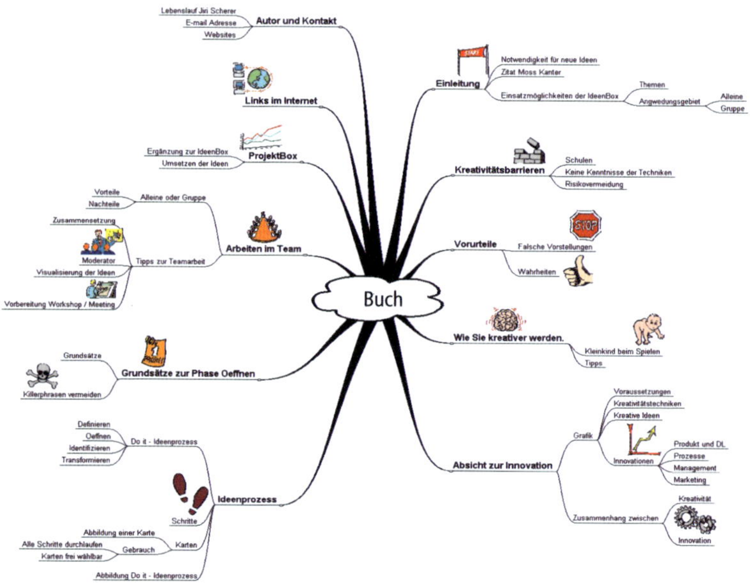

1 Analysieren

Selbstanalyse

Inhalt Analyse der eigenen Stärken und Schwächen.

Hilfsmittel Schreibpapier/Flipchart

Dauer 20 – 60 Minuten

Vorgehen

- Zeichnen Sie eine Tabelle mit drei Spalten.
- Schreiben Sie über die erste Spalte »Kriterium« und listen Sie die Kriterien auf, die Sie bewerten wollen.
- Über die zweite Spalte schreiben Sie »Stärken« und über die dritte »Schwächen«.
- Beschreiben Sie nun Ihre Stärken und Schwächen für jedes Kriterium.
- Fassen Sie die Ergebnisse zusammen und zeigen Sie auf, wo Ihre Hauptstärken und Hauptschwächen liegen.

1 Analysieren

Selbstanalyse

Beispiel einer Selbstanalyse eines Schreibwarengeschäfts:

Kriterium	+ Stärken	– Schwächen
Kunden	Viele langjährige Stammkunden.	Das Jugendsegment wird noch zu wenig angesprochen.
Angebot	Volles Schreibwarensortiment. Gute Positionierung im mittleren Preissegment.	Zwei bekannte Füllfederhersteller sind noch nicht in unserem Angebot.
Standort	Ladenlokal ist ausbaufähig. Mietbedingungen sind vorteilhaft.	Wenig Laufkundschaft.
...		

1 Analysieren

Umweltanalyse

Inhalt Umweltentwicklungen/Trends erkennen und bewerten.

Hilfsmittel Schreibpapier/Flipchart

Dauer 30 – 120 Minuten

Vorgehen

- Zeichnen Sie eine Tabelle mit drei Spalten.
- Schreiben Sie über die erste Spalte »Umweltentwicklungen/Trends« und listen Sie die Entwicklungen und Trends auf, die Sie in Ihrer Umgebung beobachten können. Dazu gehören Aspekte aus Wirtschaft, Ökologie, Technologie, Gesellschaft, Mitbewerberaktivitäten etc.
- Über die zweite Spalte schreiben Sie »Chancen/Möglichkeiten« und über die dritte »Gefahren/Risiken«.
- Beschreiben Sie nun die Chancen und Möglichkeiten, die für Sie aus jeder Entwicklung resultieren.
- Beschreiben Sie auch die möglichen Gefahren und Risiken, die für Sie bzw. für Ihr Unternehmen im Zusammenhang mit jeder Entwicklung entstehen.
- Fassen Sie die Ergebnisse zusammen und zeigen Sie auf, wo die größten Chancen/Möglichkeiten und Gefahren/Risiken liegen.

1 Analysieren

Umweltanalyse

Beispiel einer Umweltanalyse einer Druckerei:

Umweltentwicklungen/Trends	Chancen/ Möglichkeiten	Gefahren/Risiken
Neue Druckverfahren.	Schnellerer und kostengünstigerer Druck.	Es sind hohe Investitionen für neue Technologien notwendig.
Wirtschaft erholt sich langsam.	Vorteilhafte Zinssätze. Auftragsvolumen nimmt zu.	
Digitale T-Shirt-Aufdrucke als neues Kundenbedürfnis.	Neue Geschäftsfelder erschließen. Vom Papierdruck zum Textildruck.	Lager muss mit einem Kleiderangebot aufgestockt werden, was zusätzliche Investitionen benötigt.
Müller Druck ist weggezogen.	Kundenstamm übernehmen.	

1 Analysieren

Soll-Ist-Vergleich

Inhalt Idealzustand beschreiben und mit dem aktuellen Zustand vergleichen.

Hilfsmittel Schreibpapier/Flipchart

Dauer 30 – 90 Minuten

Vorgehen

- Zeichnen Sie eine Tabelle mit drei Spalten.
- Beschriften Sie die erste Spalte mit »Soll«, die zweite mit »Ist« und die dritte mit »Maßnahmen«.
- Beschreiben Sie in der Soll-Spalte den Idealzustand.
  Wie soll es in Zukunft sein?
- Beschreiben Sie in der Ist-Spalte die aktuelle Situation.
  Wie ist es heute?
- In der letzten Spalte ziehen Sie die Konsequenzen aus dem Vergleich der Soll- und der Ist-Situation. Was muss geschehen, damit Sie die Soll-Situation erreichen? Welche Maßnahmen müssen Sie treffen?

1 Analysieren

Soll-Ist-Vergleich

Beispiel eines Soll-Ist-Vergleichs eines Versandhauses:

Soll (Idealzustand)	**Ist** (aktueller Zustand)	**Maßnahmen** (Ist → Soll)
Lieferfrist 5 Tage	Lieferfrist 8 – 10 Tage	Online-Bestellung ermöglichen.
Die Hotline wird weniger belastet.	Überlastung der Hotline. Kunden müssen lange warten.	Bessere Betriebsanleitungen zu den elektronischen Produkten.
Mehrheit der Kunden zahlt sofort.	Viele Kunden zahlen gegen Rechnung. Hohe Debitorenverluste.	Online-Bezahlung mittels Kreditkarte ermöglichen. Versand nur gegen Nachnahme.

Phase Definieren

Formulieren

Die Erfindung des Problems ist wichtiger
als die Erfindung der Lösung;
in der Frage liegt mehr als die Antwort.
Walther Rathenau

2 Formulieren

Ziel des 2. Schrittes

Fragestellung umfassend formulieren.

Hinweise und Tipps

- Wenn Sie Probleme schriftlich zum Ausdruck bringen, erzielen Sie weit bessere Ergebnisse, als wenn Sie dies nur gedanklich tun.

- Je öfter Sie die Formulierungen ändern, umso mehr wird sich Ihre Einsicht in das Problem vertiefen.

- Stellen Sie sicher, dass während des ganzen Ideenprozesses die Fragestellung für alle Teilnehmenden immer sichtbar bleibt! Schreiben Sie zu diesem Zwecke die Fragestellung auf ein Flipchart.

2 Formulieren

Wörter austauschen

Inhalt Durch das Austauschen von Hauptbegriffen zu neuen Einsichten gelangen.

Hilfsmittel Schreibpapier/Flipchart

Dauer 10 – 40 Minuten

Vorgehen

- Notieren Sie das Thema, das Sie bearbeiten wollen, in Form einer Frage. Beginnen Sie die Frage mit den Worten: »Auf welche Weise könnten wir erreichen …«
- Tauschen Sie die Hauptbegriffe durch gleichwertige Formulierungen aus und beobachten Sie, wie sich die Fragestellung verändert.
- Verändern Sie die Hauptbegriffe so oft, bis Sie die beste Formulierung gefunden haben.

2 Formulieren

Wörter austauschen

Beispiel einer Fragestellung, bei der einzelne Begriffe ausgetauscht wurden:

Wie könnten wir erreichen, …

- … dass mehr Touristen unser Restaurant besuchen?
- … dass mehr Gäste in unserem Lokal speisen?
- … dass unser Speiselokal attraktiver wird für Touristen?
- … dass mehr Menschen in unserem Gasthaus tafeln?
- …

2 Formulieren

Multiple Perspektiven

Inhalt Fragestellung aus unterschiedlichen Perspektiven formulieren. Die Formulierung der Frage hängt immer auch vom Blickwinkel ab.

Hilfsmittel Schreibpapier/Flipchart

Dauer 10 – 30 Minuten

Vorgehen

- Formulieren Sie die Fragestellung aus Ihrer eigenen Sicht.
- Stellen Sie sich vor, Sie seien Napoleon, ein Clown oder ein Nomade.
- Formulieren Sie nun die Fragestellung aus Sicht dieser Personen. Wie würde Napoleon die Frage formulieren?
- Spielen Sie dies aus mindestens drei unterschiedlichen Perspektiven durch.
- Fügen Sie die unterschiedlichen Formulierungen zu einer, die übrigen beinhaltenden zusammen.

Multiple Perspektiven

Beispiel: Suche nach einem Geburtstagsgeschenk für eine Freundin mithilfe der Fragestellung aus unterschiedlichen Blickwinkeln:

Napoleon
Mit welchem Geschenk könnte ich meine Freundin und die ganze Welt beeindrucken?

Clown
Mit welchem Geschenk könnte ich meine Freundin zum Lachen bringen?

Nomade
Welches Geschenk ist klein, leicht und würde das Leben vereinfachen?

Andere mögliche Perspektiven:

- Bundeskanzler
- Musiker
- Albert Einstein
- Richterin
- Bettler
- Kind
- Consultant
- Schauspieler
- Schülerin
- Papst
- Außerirdischer
- Lehrer
- Journalistin
- Investor
- Professorin
- Bill Gates
- Kunde
- Sigmund Freud

2 Formulieren

Bilder statt Worte

Inhalt Fragestellung als Bild darstellen.

Hilfsmittel Schreibpapier/Flipchart und Farbstifte

Dauer 5 – 20 Minuten

Vorgehen

- Formulieren Sie die Fragestellung zunächst schriftlich.
- Zeichnen Sie ein Bild der Fragestellung.
  Wie sehen Sie das Thema? Wie lässt es sich in Bildern erklären?
- Diskutieren Sie in der Gruppe das, was Sie »sehen«.
- Legen Sie ein gemeinsames Verständnis der Fragestellung fest und formulieren Sie dies schriftlich.

2 Formulieren

Bilder statt Worte

Das Problem auf den Punkt (das Bild) gebracht.

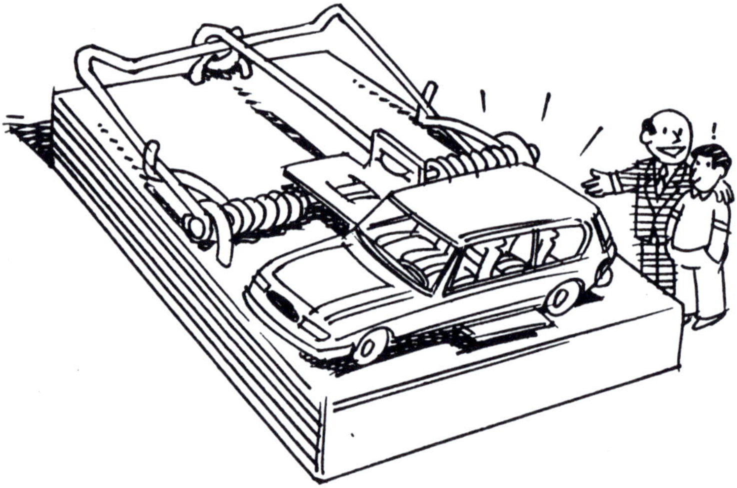

Quelle: Harrington, H. J.: The Creativity Toolkit. Provoking Creativity in Individuals and Organizations. Columbus OH, 1997, S. 142

2 Formulieren

Warum?

Inhalt Dem Thema auf den Grund gehen und weitere Aspekte aufdecken.

Hilfsmittel Schreibpapier/Flipchart

Dauer 10 – 20 Minuten

Vorgehen

- Stellen Sie die Frage »Warum?« in Bezug auf eine Fragestellung.
- Stellen Sie die Frage »Warum?« in Bezug auf die Antwort auf die erste Frage.
- Stellen Sie die Frage »Warum?« in Bezug auf die Antwort auf die zweite Frage.
- Stellen Sie die Frage »Warum?« in Bezug auf die Antwort auf die dritte Frage.
- etc.
- Fahren Sie fort, bis Sie das Thema ausgeschöpft und befriedigende Antworten gefunden haben.
- Formulieren Sie die Fragestellung nun schriftlich.

2 Formulieren

Warum?

Beispiel einer Warum-Fragestellung anhand der Frage »Wie könnten wir mehr Fahrräder verkaufen«:

- Warum wollen wir mehr Fahrräder verkaufen?
  → Weil die Verkaufszahlen zu niedrig sind.
- Warum wollen wir die Verkaufszahlen erhöhen?
  → Weil wir mehr Gewinn machen wollen.
- Warum wollen wir unseren Gewinn verbessern?
  → Weil wir mehr Lohn erhalten wollen.
- Warum wollen wir mehr Lohn haben?
  → Weil wir unseren Lebensstandard verbessern wollen.
- Warum wollen wir unseren Lebensstandard verbessern?
  → Weil …

2 Formulieren

Anforderungen

Inhalt	Welche Aspekte sind selbstverständlich, welche nicht?
Hilfsmittel	Schreibpapier/Flipchart
Dauer	20 – 40 Minuten

Vorgehen

- Zeichnen Sie eine Tabelle mit drei Zeilen.
- Beschriften Sie die Zeilen mit: »Muss«, »Möchte«, »Wow!«
  - **Muss:** Alle Aspekte, die Sie als selbstverständlich betrachten.
  - **Möchte:** Aspekte, die das Selbstverständliche übersteigen.
  - **Wow!:** Unerwartetes oder Wunschvorstellungen.
- Auf der Suche nach neuen Ideen sind in erster Linie die Punkte in den Zeilen »Möchte« und »Wow!« interessant.

2 Formulieren

Anforderungen

Beispiel einer Muss-Möchte-Wow!-Tabelle eines Autos:

Muss	▪ 4 Räder ▪ Motor ▪ Rostfrei ▪ 5 Plätze
Möchte	▪ Geringer Benzinverbrauch ▪ Navigationssystem ▪ CD-Player ▪ Klimaanlage ▪ Schiebedach
Wow!	▪ Auto fährt selbst ▪ Minibar ▪ Absolute Sicherheit ▪ Keine Abgase

Phase Öffnen

Aktivieren

Creativity is 1 percent inspiration
and 99 percent perspiration.
Thomas Alva Edison

3 Aktivieren

Ziel des 3. Schrittes

Kreativitätsbarrieren lösen und Gedankenfluss aktivieren.

Hinweise und Tipps

- Gehen Sie die Ideensuche spielerisch an. Setzen Sie Auflockerungsübungen ein, um die Teilnehmenden zu »aktivieren«.
- Schalten Sie den inneren Filter aus. Sagen Sie in der Phase »Öffnen« alles, was Ihnen in den Sinn kommt.
- Bauen Sie auf bestehenden Ideen auf.
- Suchen Sie stets nach dem Positiven in bestehenden Ideen. Verstärken Sie die positiven Seiten und überlegen Sie sich, wie Sie die negativen Aspekte ausgleichen könnten.

»Ja, und …« versus »Ja, aber …«

Inhalt »Ja, und …« statt »Ja, aber …« sagen.
Lernen, in Ideen das Positive zu sehen, statt Ideen generell zu kritisieren.

Hilfsmittel keine

Dauer 5 – 15 Minuten

Vorgehen

- Machen Sie den Teilnehmenden einen Vorschlag, z. B.: »Lasst uns einen Ausflug in die Berge machen.«
- Die Teilnehmenden sagen nun, warum dies kein guter Vorschlag ist. Er oder sie beginnt den Satz mit: »Ja, aber …«
- Machen Sie den Teilnehmenden einen zweiten Vorschlag.
- Die Teilnehmenden unterstützen den Vorschlag und bauen neue Vorschläge darauf auf. Sie beginnen ihre Sätze jeweils mit den Worten: »Ja, und …«
- Fragen Sie die Teilnehmenden, wie sie sich gefühlt haben.

3 Aktivieren

»Ja, und …« versus »Ja, aber …«

Beispiele für »Ja, und …« versus »Ja, aber …«:

–

Vorschlag: »Lasst uns einen Ausflug in die Berge machen.«

- »Ja, aber ich mag nicht so weit zu Fuß gehen.«
- »Ja, aber ich habe kein Geld für die Seilbahn.«
- »Ja, aber ich will doch lieber zum See fahren.«

+

Vorschlag: »Wollen wir eine Radtour unternehmen?«

- »Ja, und wir könnten anschließend im See baden.«
- »Ja, und wir könnten unterwegs Würste braten.«
- »Ja, und ich begleite euch mit dem Motorrad.«

Verwendungszwecke

Inhalt Ideenfluss aktivieren.
Auch ungewöhnliche Denkansätze sind willkommen.

Hilfsmittel Schreibpapier/Flipchart

Dauer 2 Minuten pro Gegenstand

Vorgehen

- Schreiben Sie möglichst viele Verwendungszwecke für einen bestimmten Gegenstand auf. Wofür können Sie eine Büroklammer gebrauchen? Suchen Sie innerhalb von zwei Minuten nach mindestens 20 – 30 Ideen.
- Diskutieren Sie die Ergebnisse in der Gruppe.
- Bestimmen Sie die originellsten Verwendungsmöglichkeiten.
- Schreiben Sie als Nächstes auf, wofür Sie eine Büroklammer nicht einsetzen können.
- Diskutieren Sie die Ergebnisse.

3 Aktivieren

Verwendungszwecke

Verwendungszwecke für:

Ideen-Tennis

Inhalt Lernen, auf Ideen anderer aufzubauen.
Bauen Sie auf Ideen auf, die von anderen Teilnehmenden genannt wurden.

Hilfsmittel Keine

Dauer 5 – 10 Minuten

Vorgehen

- Bilden Sie Zweiergruppen.
- Formulieren Sie eine Fragestellung, wiederum beginnend mit den Worten: »Wie könnten wir …«
- Einer der beiden Teilnehmenden äußert eine erste Idee.
- Der zweite ist nun aufgefordert, eine Idee zu finden, die auf der Idee seines Partners aufbaut. Er spielt den Ball zurück.
- Nun ist der erste wieder gefordert, eine weitere, darauf aufbauende Idee zu finden. Und so weiter …
- Spielen Sie dies während mindestens fünf Minuten durch.

3 Aktivieren

Ideen-Tennis

Beispiel anhand der Fragestellung: »Auf welche Weise könnten wir unser Theater rentabler machen?«

Produzieren

The best way to get a good idea
is to get a lot of ideas.
Linus Pauling

4a Produzieren

Ziel des 4. Schrittes

Eine große Anzahl neuer Ideen finden.

Hinweise und Tipps

- Quantität vor Qualität. Produzieren Sie viele Ideen! Brechen Sie die Ideenproduktion nicht zu früh ab! Manchmal ist es die 137. Idee, die den Durchbruch findet.
- Setzen Sie sich unter Zeitdruck. Dies stellt sicher, dass Sie nicht gleich jede Idee hinterfragen.
- Denken Sie daran, dass bei diesem Schritt Kritik und Kommentare nicht willkommen sind, auch nicht seitens des Moderators. Die Ideenbewertung findet erst in der Phase »Identifizieren« statt.

4a Produzieren

Bildstimulation

Inhalt	Durch Assoziationen mit Bildern neue Ideen finden. Bilder stimulieren besser als Worte.
Hilfsmittel	Magazine/Fotos
Dauer	5 Minuten pro Bild

Vorgehen

- Wählen Sie nach dem Zufallsprinzip drei bis fünf Bilder aus.
- Lassen Sie die Bilder ein bis zwei Minuten auf sich wirken.
- Versuchen Sie, Verbindungen herzustellen zwischen der Fragestellung und den Bildern. Was kommt Ihnen in den Sinn?
- Wiederholen Sie dieses Vorgehen Bild für Bild und schreiben Sie auf, was Ihnen dazu einfällt.

4a Produzieren

Bildstimulation

Eigene Fotos als Alternative zu vorgegebenen Bildern:
Die Teilnehmenden machen im Gebäude oder in der Natur mit einer Sofortbild- oder Digitalkamera Fotos, die in Zusammenhang mit der Fragestellung stehen.
Wenn sich die Gruppe wiedertrifft, werden die Ideen zu den Fotografien präsentiert.

4a Produzieren

Morphologischer Kasten

Inhalt Neue Ideen durch die systematische Kombination von Teilaspekten.

Hilfsmittel Schreibpapier/Flipchart

Dauer 30 – 60 Minuten

Vorgehen

- Zeichnen Sie eine Tabelle.
- Ermitteln Sie die Parameter, die bei allen Lösungen vorkommen, jedoch unterschiedlich gestaltet werden können. Tragen Sie diese Parameter in die erste Spalte ein.
- Bestimmen Sie die möglichen Erscheinungsformen der einzelnen Parameter. Tragen Sie diese in die weiteren Spalten ein.
- Kombinieren Sie verschiedene Möglichkeiten mit einer Linie.

Quelle: http://www.ibim.de/techniken

Morphologischer Kasten

Beispiel eines morphologischen Kastens für ein zu entwickelndes Lastfahrzeug:

Parameter	Erscheinungsformen/Möglichkeiten			
Karosseriematerial	Aluminium	Stahl	Kunststoff	Holz
Treibstoff	Benzin	Diesel	Sonnenenergie	Gas
Anzahl Sitzplätze	1	2	3	Mehr als 3
Lastraum	Hinten	Vorne	Auf dem Dach	Andere Stelle
Fortbewegungsart	Räder	Luftdruck	Raupen	Kufen
Zubehör	GPS	Standheizung	Telefon	Klimaanlage
Preisniveau	Niedrig	Mittel	Hoch	Sehr hoch
…				

4a Produzieren

Reizwortanalyse

Inhalt Durch Assoziationen mit Wörtern neue Ideen finden.

Hilfsmittel Schreibpapier/Flipchart/Post-it/Lexikon

Dauer 5 Minuten pro Wort

Vorgehen

- Wählen Sie nach dem Zufallsprinzip einen Begriff aus einem Lexikon, einer Zeitung oder aus dem Beispiel auf der nächsten Seite aus.

- Schreiben Sie vier bis sechs charakteristische Merkmale des Begriffs auf. Beispiel »Benzin«:
  - Explosiv
  - Energiespendend
  - Schlechter Geruch
  - Flüssig
  - …

- Versuchen Sie zwischen Ihrer Fragestellung und jedem Merkmal Verbindungen herzustellen. Welche Ideen fallen Ihnen zu den einzelnen Merkmalen (»explosiv«, »energiespendend«, »schlechter Geruch« …) ein?

- Wiederholen Sie diesen Vorgang mit jedem Merkmal.

4a Produzieren

Reizwortanalyse

Sie können das Zufallswort auch mittels Stand Ihres Sekundenzeigers bestimmen:

1	Radio	21	Leiter	41	Tänzer
2	Tasche	22	Büro	42	Magnet
3	Fußball	23	Hamburger	43	Krawatte
4	Spaghetti	24	Diskothek	44	Museum
5	Rose	25	Foto	45	Kokosnuss
6	Schuh	26	Wurzel	46	Pilz
7	Auto	27	Zigarette	47	Politikerin
8	Zoo	28	Wolke	48	Tiger
9	Monster	29	Diplomat	49	Schaum
10	TV	30	Rasierklinge	50	Telefon
11	Elefant	31	Zauberer	51	Segelschiff
12	Tagebuch	32	Steak	52	Krankenhaus
13	Feuerwerk	33	Zebra	53	Waage
14	Kaffee	34	Nase	54	Ferien
15	Bettlerin	35	Salz	55	Baumwolle
16	Fotokopierer	36	Ärztin	56	Schnecke
17	Schauspieler	37	Staubsauger	57	Versicherung
18	Satellit	38	Strauß	58	Kirche
19	Hund	39	Zunge	59	Adler
20	Bleistift	40	Tresor	60	Brücke

4a Produzieren

Semantische Intuition

Inhalt: Durch die zufällige Kombination von zwei Wörtern neue Ideen provozieren.

Hilfsmittel: Schreibpapier/Flipchart

Dauer: 30 Minuten

Vorgehen

- Aus dem Themenfeld, für welches neue Ideen entwickelt werden sollen, werden 20 Begriffe gesammelt. Doppelworte werden zerlegt.

- Die Begriffe werden von 1 bis 20 durchnummeriert.

- Jeder Teilnehmende oder jede Gruppe wählt nun zwei Zahlen zwischen 1 und 20. Die beiden gewählten Begriffe ergeben nun ein Kunstwort, das eigentlich keinen Sinn macht.

- In der Gruppe wird fantasiert, was sich hinter diesem Kunstwort verbergen könnte. Wie könnte dieser Gegenstand aussehen, wo würde er eingesetzt werden und was wäre der Nutzen davon?

4a Produzieren

Semantische Intuition

Beispiel einer Wortliste zum Thema »neues Küchengerät«:

1	Messer	11	Gurke
2	Kuchen	12	Pfanne
3	Raffel	13	Mixer
4	Ofen	14	Dampf
5	Blech	15	Butter
6	Glas	16	Wein
7	Waage	17	Zunge
8	Löffel	18	Reibe
9	Knoblauch	19	Eis
10	Teig	20	Schrank

Wie würde ein »Knoblauch-Mixer« aussehen? Wo und wie würde man dieses Küchengerät einsetzen? Was wäre der Nutzen davon?

4a Produzieren

Brainwriting

Inhalt Aufbauend auf Ideen von Teilnehmenden weitere Ideen entwickeln.
Ideen inspirieren zu weiteren Ideen.

Hilfsmittel Schreibpapier

Dauer 3 Minuten pro Durchgang

Vorgehen

- Bilden Sie Gruppen von vier bis sieben Teilnehmenden.
- Die Teilnehmenden erhalten je drei Blatt Papier.
- Die Teilnehmenden schreiben je eine Idee zuoberst auf jedes Blatt und geben es im Uhrzeigersinn an den Nachbarn weiter.
- Dieser liest die Idee seines Vorgängers und setzt darunter je eine weitere Idee, die auf der schon genannten aufbaut.
- Die drei Blätter werden so lange weitergegeben, bis jeder Teilnehmende wieder seine drei ursprünglichen Blätter vor sich liegen hat.

Quelle: Warfield, J. N. et al.: Methods of Idea management. Columbus, Ohio 1975, basierend auf: Van Gundy, A. B., Techniques of Structured Problem Solving, 2nd ed., in: Van Nostrand Reinhold, Technique 4.44, S. 155 – 157

4a Produzieren

Brainwriting

Beispiel basierend auf der Frage: »Wie könnten wir die Weihnachtsgrüße an unsere Kunden origineller gestalten?«

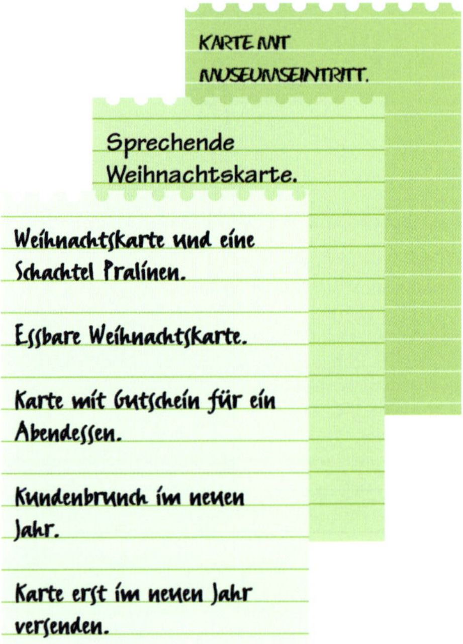

4a Produzieren

Brainstorming

Inhalt Viele Ideen innerhalb kürzester Zeit finden.
Brainstorming ist eine der ältesten und wohl bekanntesten Kreativitätstechniken.

Hilfsmittel Flipchart

Dauer 10 – 30 Min.

Vorgehen

- Bilden Sie Gruppen von vier bis sieben Teilnehmenden. Empfehlenswert ist eine Mischung aus Fachleuten und Laien.
- Teilnehmende äußern spontan ihre Ideen.
- Der Moderator schreibt alle Ideen für die Teilnehmenden gut sichtbar auf.
- Teilnehmende lassen sich von den Ideen der Kollegen und Kolleginnen inspirieren und bauen auf bestehenden Ideen auf oder kombinieren diese.
- Der Moderator hilft bei nachlassendem Ideenfluss mit Fragen nach.

4a Produzieren

Brainstorming

Regeln für das Brainstorming:

- Alle Ideen, sowohl mögliche als auch unmögliche, werden akzeptiert und notiert.
- Keine Fragen, Kommentare oder Kritik zu den einzelnen Ideen.
- Quantität steht vor Qualität.
- Das Aufbauen auf bzw. das Kombinieren von bestehenden Ideen ist erwünscht.
- Jede geäußerte Idee wird aufgeschrieben.

Tele-Brainstorming

Falls Sie alleine arbeiten, können Sie ein Gruppen-Brainstorming simulieren. Rufen Sie einen guten Freund an und bitten Sie ihn, innerhalb von 60 Sekunden alles zu nennen, was ihm zu Ihrer Fragestellung einfällt.
Notieren Sie alles.

Quelle: Birkenbihl, V.: Das neue Stroh im Kopf? Vom Gehirn-Besitzer zum Gehirn-Benutzer. Offenbach 2004, S. 172

4a Produzieren

Kundennutzen-Matrix

Inhalt Systematische Suche nach neuen Ideen mithilfe einer Kundennutzen-Matrix.

Hilfsmittel Schreibpapier/Flipchart

Dauer 1 – 3 Stunden

Vorgehen

- Betrachten Sie Ihre Dienstleistung bzw. Ihr Produkt aus Kundensicht. Zeichnen Sie jeden Schritt vom Kaufentscheid über das Einkaufserlebnis bis zum Konsum mithilfe einer Matrix auf.
- Stellen Sie sich Fragen, wie Sie Ihre Dienstleistung bzw. Ihr Produkt für den Kunden noch attraktiver machen könnten:
  - Was könnte für den Kunden einfacher gestaltet werden?
  - Woraus zöge der Kunde einen zusätzlichen Nutzen?
  - Wie könnte der Kunde sein Risiko verkleinern?
  - Was wäre außerordentlich? Was wäre »Wow«?
  - …
- Suchen Sie für jeden Punkt nach Ideen.

Quelle: In Anlehnung an Kim, C. & Mauborgne, R.: Knowing a winning business idea when you see one, in: Harvard Business Review on Innovation, Sep/Oct 2000, S. 82

4a Produzieren

Kundennutzen-Matrix

Beispiel zu den Dienstleistungen eines Hotels aus Kundensicht:

	Reservierung des Zimmers	**Ankunft im Hotel**	**Registrierung an Rezeption**	**Zimmer zeigen**
Einfacher machen?	Reservierung über Internet	Kein Check-in notwendig	Registrierungsformular bereits ausgefüllt	…
Zusätzlicher Nutzen?	Speisekarte online abrufbar	Auto wird von einem Hotelmitarbeiter geparkt	…	…
Risiko verkleinern?	Bestätigung der Reservierung per SMS	Reservierung bleibt bis 24.00 Uhr garantiert	…	…
Was wäre »Wow«?	Kunde am Telefon mit Namen begrüßen	…	…	…
…	…			

4a Produzieren

Kopfstand

Inhalt Fragestellung umgekehrt formulieren, um neue Ansätze für Ideen zu finden.
Vom Gegenteil ausgehend innovative Ideen zu finden, ist oft leichter.

Hilfsmittel Schreibpapier/Flipchart/Post-it

Dauer 10 – 30 Minuten

Vorgehen

- Formulieren Sie die Fragestellung »umgekehrt«, beispielsweise so: »Auf welche Weise könnten wir erreichen, dass unsere Produkte mehr Fehler aufweisen?«
- Sammeln Sie Antworten und Ideen zur umgekehrten Fragestellung, z.B.: »Mitarbeiter durch monotone Arbeit demotivieren.«
- Suchen Sie nun zu jeder umgekehrten, negativen Idee die entgegengesetzte Lösung, indem Sie die Idee positiv formulieren, z.B.: »Mitarbeiter durch abwechslungsreiche Arbeit motivieren.«

Quelle: Higgins, J. M.: 101 Creative Problem Solving Techniques. The Handbook of New Ideas for Business. New York 1994, S. 100

Kopfstand

Beispiele zu »umgekehrten« Fragestellungen:

- Auf welche Weise könnten wir erreichen, dass weniger Kunden in unseren Verkaufsladen kommen?
- Auf welche Weise könnten wir erreichen, dass sich die Schulnoten unserer Studierenden verschlechtern?
- Auf welche Weise könnten wir erreichen, dass die Umsatzzahlen unseres Unternehmens sinken?

Differenzieren

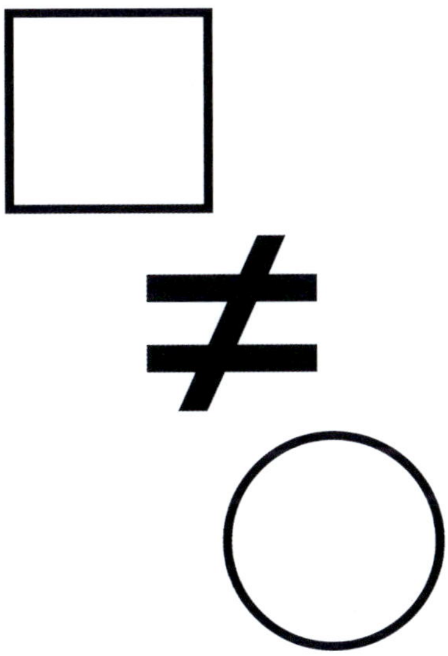

**Nicht mit Erfindungen,
sondern mit Verbesserungen
macht man Vermögen.**

Henry Ford

4b Differenzieren

Ziel des 4. Schrittes

Bestehende Produkte, Dienstleistungen und Ideen verändern und verbessern.

Hinweise und Tipps

Die folgenden sieben Methoden enthalten Reizfragen (Trigger) unter den Stichwörtern*:

- Ersetzen?
- Kombinieren?
- Übertragen?
- Vergrößern?
- Anderer Verwendungszweck?
- Verkleinern? Eliminieren?
- Umstrukturieren? Vertauschen?

* Im Originaltext »SCAMPER«:
S = Substitute; C = Combine; A = Adapt; M = Magnify, Modify;
P = Put to other use; E = Eliminate or Minify; R = Rearrange, Reverse

Quelle: In Anlehnung an Eberle, B.: Scamper. Creative Games and Activities for Imagination Development. Waco, Texas 1997

4b Differenzieren

Ersetzen

Inhalt Kann etwas ersetzt werden?
Beantworten Sie die folgenden Reizfragen.
Auf welche neuen Ideen kommen Sie?

Hilfsmittel Schreibpapier/Flipchart/Post-it

Dauer 10 – 20 Minuten

Reizfragen

- Welche anderen Bestandteile können einen jetzigen ersetzen?
- Kann der Prozess anders gestaltet werden?
- Wer oder was kann stattdessen eingesetzt werden?
- Kann ein anderes Material verwendet werden?
- Kommen andere Energiequellen infrage?
- Ist ein anderer Standort oder Verkaufskanal denkbar?
- Können die Zutaten verändert werden?
- Andere Farbe? Anderer Geruch? Anderer Ton?
- …

4b Differenzieren

Ersetzen

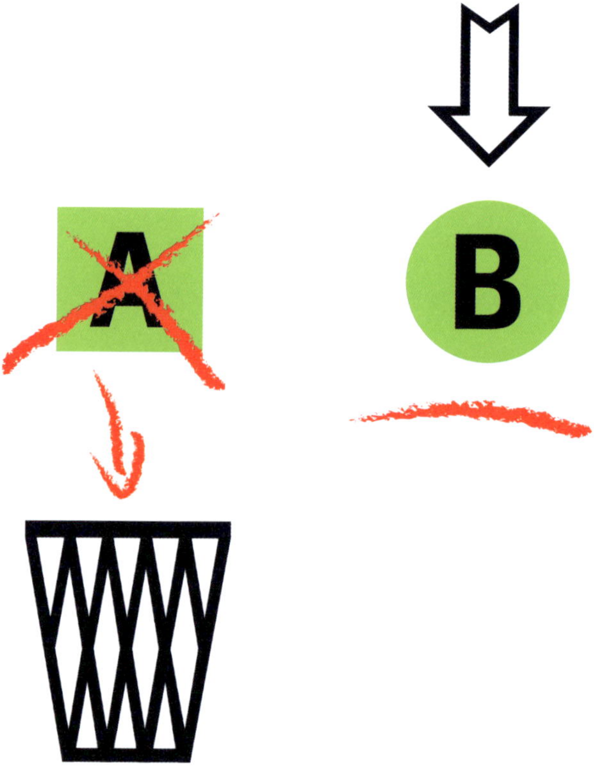

4b Differenzieren

Kombinieren

Inhalt Kann etwas Bestehendes mit etwas anderem kombiniert werden?
Beantworten Sie die folgenden Reizfragen.
Auf welche neuen Ideen kommen Sie?

Hilfsmittel Schreibpapier/Flipchart/Post-it

Dauer 10 – 20 Minuten

Reizfragen

- Können mehrere Objekte zusammengeführt werden?
- Können verschiedene Bestandteile gemischt werden?
- Können Produkte oder Personen in Beziehung zueinander gesetzt werden?
- Sind Ideen oder Absichten kombinierbar?
- Was könnte zum Ziel der Mehrzweckverwendung kombiniert werden?
- Was kann miteinander verknüpft werden?
- Kann daraus ein Sortiment gestaltet werden?
- …

4b Differenzieren

Kombinieren

4b Differenzieren

Übertragen

Inhalt Kann etwas übertragen werden?
Beantworten Sie die folgenden Reizfragen.
Auf welche neuen Ideen kommen Sie?

Hilfsmittel Schreibpapier/Flipchart/Post-it

Dauer 10 – 20 Minuten

Reizfragen

- Welches alternative Vorgehen könnte übernommen werden?
- Welche Idee oder welches Produkt könnte ich kopieren?
- Was stelle ich fest, wenn ich ähnliche Produkte gebrauche?
- Zeigt deren Vergangenheit Parallelen auf?
- Welche Ideen könnten in meine Idee integriert werden?
- Was scheint ähnlich zu sein? Was scheint die gleiche Funktion zu haben?
- Was kann aus anderen Fachgebieten übernommen werden?
- …

4b Differenzieren

Übertragen

4b Differenzieren

Vergrößern

Inhalt Kann etwas vergrößert, verändert werden?
Beantworten Sie die folgenden Reizfragen.
Auf welche neuen Ideen kommen Sie?

Hilfsmittel Schreibpapier/Flipchart/Post-it

Dauer 10 – 20 Minuten

Reizfragen

- Was kann vergrößert werden?
- Höher? Länger? Dicker? Stärker? Doppelt?
- Was kann hinzugefügt werden?
- Welche Aspekte können hervorgehoben werden?
- Was lässt sich verbessern?
- Welches andere Design wäre denkbar?
- Was kann häufiger gemacht werden?
- Kann etwas übersteigert, zum Extrem geführt werden?
- Lassen sich Bedeutung, Farbe, Form, Geruch oder Ton verändern?
- Kann ein neuer Name gefunden werden?
- Welche Veränderungen können in der Herstellung oder im Marketing vorgenommen werden?
- Womit lässt sich ein Wertzuwachs erreichen?
- ...

4b Differenzieren

Vergrößern

4b Differenzieren

Anderer Verwendungszweck

Inhalt Kann etwas zu einem anderen Zweck verwendet, eingesetzt werden?
Beantworten Sie die folgenden Reizfragen.
Auf welche neuen Ideen kommen Sie?

Hilfsmittel Schreibpapier/Flipchart/Post-it

Dauer 10 – 20 Minuten

Reizfragen

- Zu welchem anderen Zweck kann etwas verwendet werden?
- Lässt sich die Sache anderswo einsetzen?
- Was lässt sich sonst noch daraus entwickeln?
- Gibt es Erweiterungsmöglichkeiten? Andere Märkte?
- Auf welche Weise kann etwas nach einer Modifikation (Veränderung) gebraucht werden?
- Können andere Zielgruppen angesprochen werden?
- …

4b Differenzieren

Anderer Verwendungszweck

4b Differenzieren

Verkleinern – Eliminieren

Inhalt Kann etwas weggelassen werden?
Beantworten Sie die folgenden Reizfragen.
Auf welche neuen Ideen kommen Sie?

Hilfsmittel Schreibpapier/Flipchart/Post-it

Dauer 10 – 20 Minuten

Reizfragen

- Was kann weggelassen werden?
- Kann etwas verkleinert werden?
- Kann etwas komprimiert werden?
- Kann etwas aufgeteilt werden?
- Was kann umgangen werden?
- Was wird nicht mehr benötigt?
- Welche Regeln, Materialien oder Produkte können eliminiert werden?
- …

4b Differenzieren

Verkleinern – Eliminieren

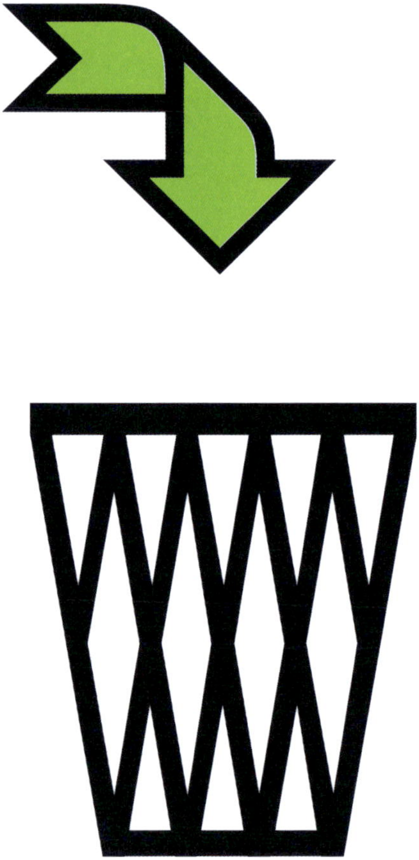

4b Differenzieren

Umstrukturieren – Vertauschen

Inhalt Kann etwas umstrukturiert werden?
Beantworten Sie die folgenden Reizfragen.
Auf welche neuen Ideen kommen Sie?

Hilfsmittel Schreibpapier/Flipchart/Post-it

Dauer 10 – 20 Minuten

Reizfragen

- Was lässt sich vertauschen?
- Lassen sich Positiv und Negativ vertauschen?
- Kann etwas aus einem anderen Blickwinkel betrachtet werden?
- Können die Positionen vertauscht werden?
- Kann ich etwas auf den Kopf stellen?
- Was lässt sich umwenden oder umdrehen?
- Wäre eine andere Reihenfolge besser?
- Können einzelne Teile vertauscht werden?
- Kann eine neue Ordnung, eine neue Struktur geschaffen werden?
- …

4b Differenzieren

Umstrukturieren – Vertauschen

Phase Identifizieren

Auswählen

Denn wer lange bedenkt,
der wählt nicht immer das Beste.
Johann Wolfgang von Goethe

5 Auswählen

Ziel des 5. Schrittes

In einer ersten Auswahl die besten Ideen aussortieren.

Hinweise und Tipps

- Das Auswählen der besten Ideen kann auch an einem Folgetag geschehen.
- Stellen Sie sicher, dass die Teilnehmenden die Ideen verstehen. Bei Unklarheiten ist es hilfreich, wenn nicht der Ideenproduzent selbst, sondern jemand anders die Idee kurz erläutert. Der Ideenproduzent korrigiert und ergänzt, falls notwendig.
- Achten Sie ganz besonders darauf, dass neue Ideen wirklich auf keinen Fall verloren gehen.

5 Auswählen

Neue Ideen

Inhalt Ideen mit Neuheitswert vorgängig aussortieren.
Werden revolutionäre Ideen nicht vorgängig aussortiert, gehen sie möglicherweise unter.

Hilfsmittel Pinnwand/Packpapier

Dauer 20 – 30 Minuten

Vorgehen

- Sortieren Sie die Ideen mit Neuheitswert aus und kleben Sie diese an eine zusätzliche Pinnwand oder auf ein großes Stück Packpapier.

- Für den folgenden Schritt siehe Seite 93.

5 Auswählen

Neue Ideen

Ideen mit Neuheitswert aussortieren.

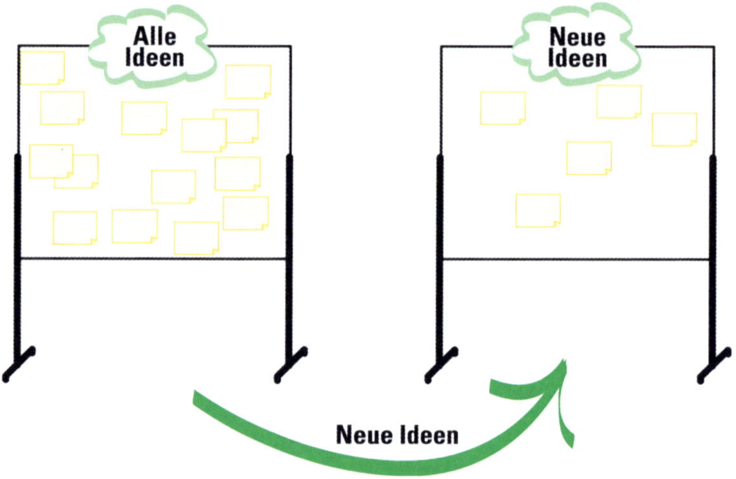

5 Auswählen

Dot-mocracy (1)

Inhalt Die besten Ideen auswählen und gruppieren.

Hilfsmittel Pinnwand/Packpapier und Klebepunkte

Dauer 10 – 30 Minuten

Vorgehen

- Bestimmen Sie, mit welcher Anzahl Ideen Sie weiterarbeiten möchten. Es empfiehlt sich, (lediglich) die sechs bis zwölf besten Ideen weiterzubearbeiten.
- Die Teilnehmenden erhalten eine bestimmte Anzahl (drei bis sechs) Klebepunkte und verteilen diese auf ihre Favoriten. Nicht mehr als zwei Punkte pro Idee.
  - Gruppieren Sie die Ideen anhand ihrer Punktzahl in:
  - TOP-Ideen (sechs bis zwölf Ideen mit den meisten Punkten)
  - OK-Ideen (mindestens ein bis zwei Punkte)
  - OUT-Ideen (ohne Punkte)
- TOP-Ideen werden im Schritt »Bearbeiten« weiter ausgefeilt. OK-Ideen werden nach Bedarf im Schritt »Umsetzen« (Ideen-Recycling) wieder betrachtet. OUT-Ideen werden nicht weiter beachtet.

5 Auswählen

Dot-mocracy (1)

Ideen einteilen in TOP, OK und OUT.

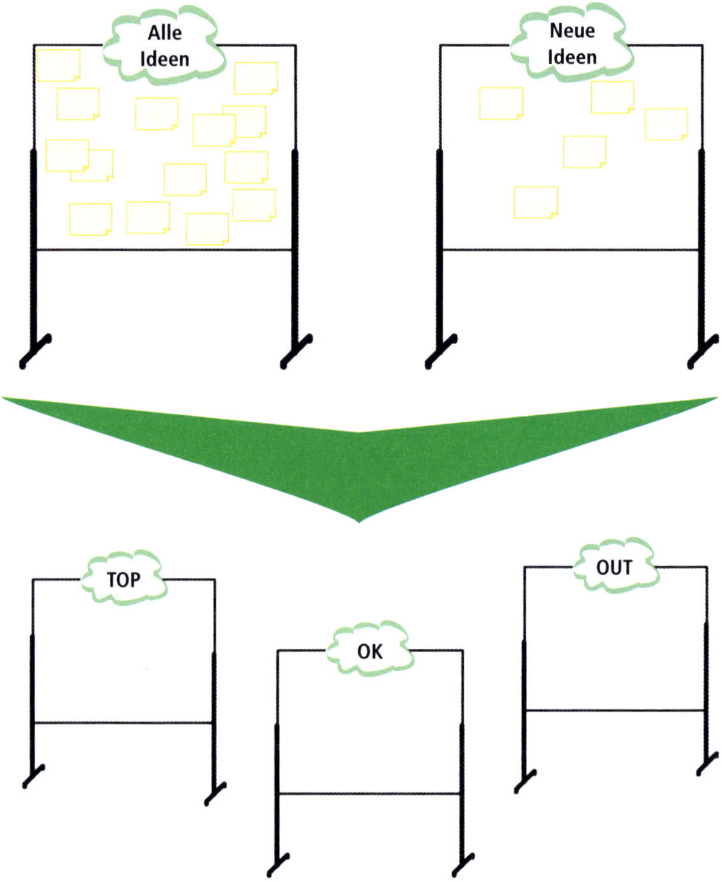

Phase Identifizieren

Bearbeiten

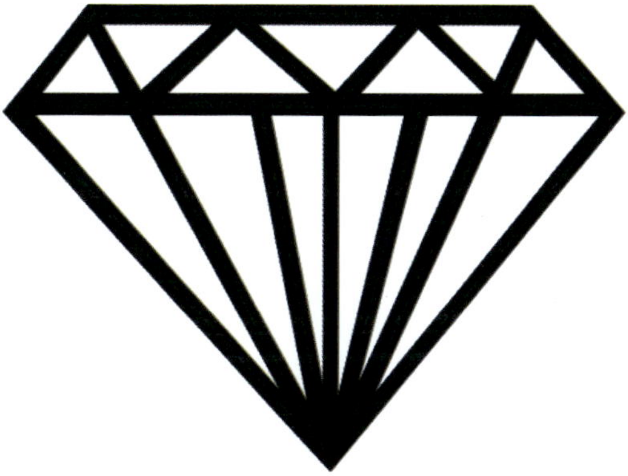

Die meisten meiner Ideen
gehörten ursprünglich anderen
Leuten, die sich nicht
die Mühe gemacht haben,
sie weiterzuentwickeln.

Thomas Alva Edison

6 Bearbeiten

Ziel des 6. Schrittes

Rohe Ideen verfeinern und konkretisieren.

Hinweise und Tipps

- Beim Bearbeiten wird zum ersten Mal ersichtlich, ob sich eine Idee überhaupt umsetzen lässt.
- Spezielle, skurrile und abwegige Ideen müssen fassbar gemacht werden. Ist eine Idee schwer vorstellbar, wird sie kaum weiter verfolgt.

6 Bearbeiten

Vorteile / Nachteile

Inhalt	Vorteile der Idee verstärken und Nachteile überwinden.
Hilfsmittel	Schreibpapier/Flipchart
Dauer	10 – 20 Minuten

Vorgehen

- Sammeln Sie die Vorteile dieser Idee. Was ist gut? Welches sind die Stärken?
- Versuchen Sie die Vorteile noch stärker hervorzuheben.
- Sammeln Sie die Nachteile dieser Idee. Welches sind die Schwachpunkte?
- Suchen Sie nach Gegenargumenten für diese Nachteile. Wie können Sie die Schwachpunkte überwinden?

6 Bearbeiten

Vorteile / Nachteile

Vorteile verstärken und Nachteile überwinden.

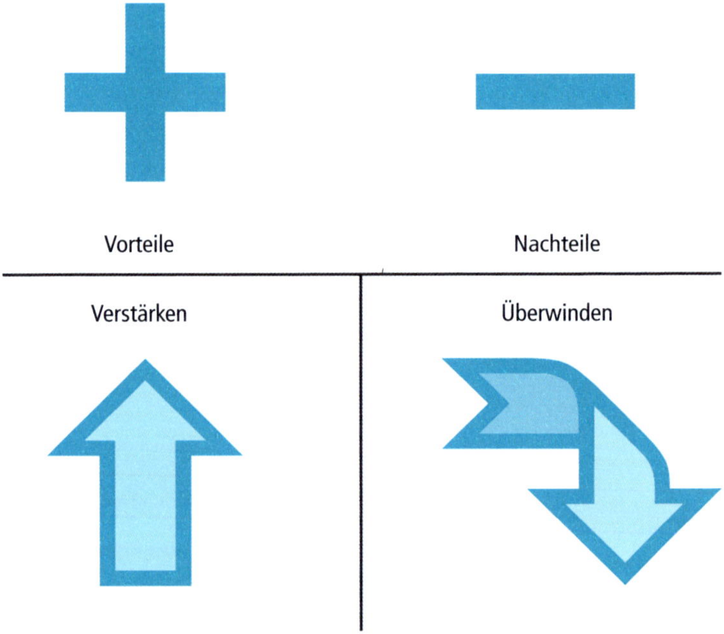

Abstraktion

Inhalt Kern der Idee herausschälen.
Durch Abstraktion lassen sich Ideen verbessern und weiter entwickeln.

Hilfsmittel Schreibpapier/Flipchart

Dauer 10 – 20 Minuten

Vorgehen

- Schälen Sie den Kern der Idee heraus. Fragen Sie sich dazu Folgendes:
  - Worum geht es wirklich?
  - Was ist der Kern dieser Idee?
  - Worauf kommt es tatsächlich an?
- Stellen Sie sich diese Fragen so lange, bis Sie auf den Kern der Idee stoßen.
- Schreiben Sie den Kern der Idee auf.
- Suchen Sie nun – ausgehend von diesem Kern – nach weiteren Ideen.

Quelle: In Anlehnung an De Bono, E.: Serious creativity. Die Entwicklung neuer Ideen durch die Kraft lateralen Denkens. Stuttgart 1996, S. 132

6 Bearbeiten

Abstraktion

Beispiel einer Abstraktion anhand der Fragestellung:
»Auf welche Weise können wir erreichen, dass mehr Touristen mit unserer Fluggesellschaft in die Ferien fliegen?«

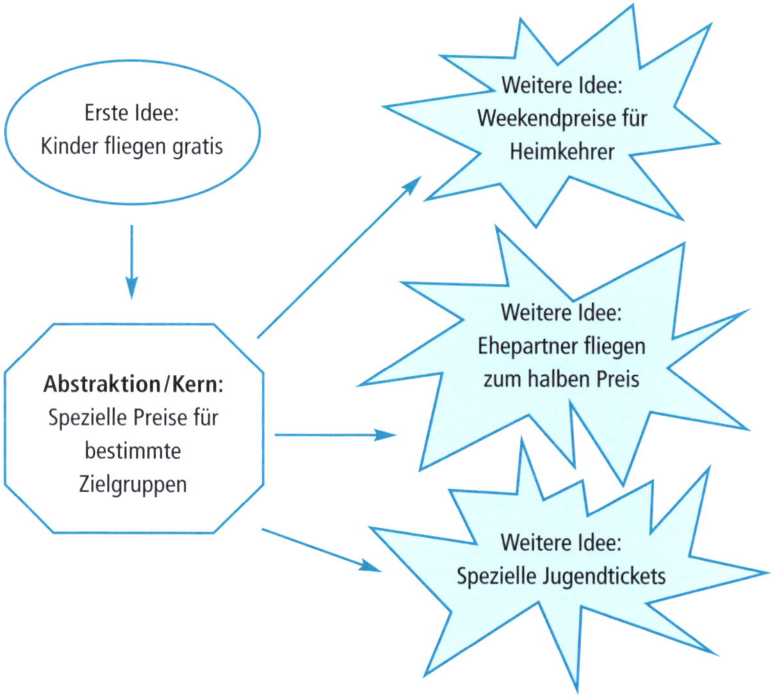

6 Bearbeiten

SCAMPER

Inhalt Mithilfe des Schrittes »Differenzieren« die Idee überarbeiten. Sie finden neue Inputs für das weitere Ausfeilen Ihrer Idee.

Hilfsmittel Methoden zum Schritt »Differenzieren«, Schreibpapier

Dauer 20 – 50 Minuten

Vorgehen

- Gehen Sie Ihre Ideen anhand der sieben Methoden des Kapitels »Differenzieren« durch.

- Fragen Sie sich in Bezug auf Ihre Ideen:
  - Ersetzen?
  - Kombinieren?
  - Übertragen?
  - Vergrößern?
  - Anderer Verwendungszweck?
  - Verkleinern? Eliminieren?
  - Umstrukturieren? Vertauschen?

6 Bearbeiten

SCAMPER

Methoden »Differenzieren» mit Reizfragen.

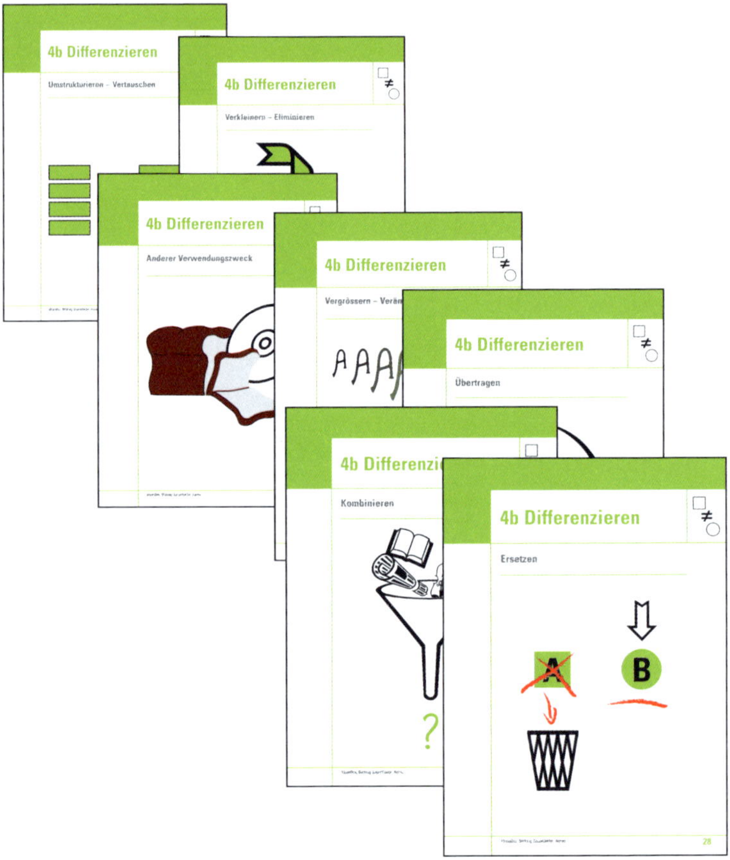

Phase Identifizieren

Bewerten

Gute Gründe müssen den besseren weichen.
William Shakespeare

7 Bewerten

Ziel des 7. Schrittes

Bearbeitete Ideen anhand unterschiedlicher Kriterien bewerten.

Hinweise und Tipps

- Das Bewerten sollte zu einem späteren Zeitpunkt als die vorhergehenden Schritte stattfinden, jedoch unter Einbezug der Teilnehmenden. Damit wird eine objektive Beurteilung gewährleistet.
- Es empfiehlt sich, für die Bewertung das Management, externe Spezialisten oder gar Kunden miteinzubeziehen.
- Verlieben Sie sich nicht in einzelne Ideen! Bleiben Sie weiterhin objektiv und ziehen Sie alle Ideen als potenzielle Lösungen in Betracht!
- Bewerten Sie die Ideen nach qualitativen wie nach quantitativen Kriterien.
- Hören Sie auf Ihren Bauch!

7 Bewerten

Nutzwertanalyse

Inhalt Quantitative Bewertung der Ideen anhand von sieben Bewertungspunkten.
Sie können auch eigene Punkte hinzufügen.

Hilfsmittel Schreibpapier/Flipchart/Pinnwand

Dauer 10 – 20 Minuten

Vorgehen

- Bewerten Sie die Ideen nach folgenden Bewertungskriterien:
  - Kann ich die Idee kurz und klar formulieren?
  - Interessiert mich diese Idee?
  - Wie groß ist der Markt für diese Idee?
  - Wie gut ist der Zeitpunkt für diese Idee?
  - Habe ich die Fähigkeiten, diese Idee umzusetzen?
  - Kann ich meine Stärken einbringen?
  - Hat diese Idee einzigartige Verkaufsargumente (Unique Selling Propositions)?

- Verteilen Sie für jedes Kriterium eine Anzahl Punkte.

- Bewerten Sie nun die Ideen und zählen Sie die Punkte zusammen.

- Wählen Sie diejenigen Ideen mit den meisten Punkten aus.

7 Bewerten

Nutzwertanalyse

Beispiel einer einfachen Nutzwertanalyse:

	Anzahl Punkte	Idee A	Idee B	Idee C	Idee D
Kurz und klar?	0 – 20	10	15	12	15
Interesse?	0 – 20	5	12	15	7
Marktgröße?	0 – 20	16	10	12	2
Zeitpunkt?	0 – 5	1	2	4	2
Umsetzungs-möglichkeit?	0 – 10	5	4	6	8
Eigene Stärken einbringen?	0 – 10	6	5	5	9
USPs	0 – 20	5	12	17	0
Total		**48**	**60**	**71**	**43**

7 Bewerten

PMI – Plus Minus Interessant

Inhalt	Positive, negative und interessante Aspekte der Ideen hervorheben.
Hilfsmittel	Schreibpapier/Flipchart
Dauer	10 – 30 Minuten

Vorgehen

- Zeichnen Sie für jede Idee eine Tabelle mit drei Spalten.
- Beschriften Sie die Spalten mit:
  - Plus
  - Minus
  - Interessant
- Tragen Sie in die Plus-Spalte alle positiven Aspekte der Idee ein.
- Tragen Sie in die Minus-Spalte alle negativen Aspekte der Idee ein.
- Tragen Sie in die Interessant-Spalte alle erwähnenswerten Aspekte der Idee ein, die weder positiv noch negativ sind.

7 Bewerten

PMI – Plus Minus Interessant

Beispiel einer PMI-Vorlage:

Plus	Minus	Interessant
■ Positive Punkte ■ Stärken der Idee ■ USPs	■ Negative Punkte ■ Schwächen der Idee ■ Risiken	■ Weder Plus noch Minus ■ Good to know

7 Bewerten

Portfolioanalyse

Inhalt Ideen werden in einer Matrix übersichtlich dargestellt.
Das Ergebnis wird visualisiert und erleichtert eine Entscheidung.

Hilfsmittel Schreibpapier/Flipchart

Dauer 30 – 60 Minuten

Vorgehen

- Definieren Sie drei Kriterien, wonach Sie Ihre Ideen bewerten wollen. Bewertungskriterien könnten bspw. sein:
  - Neuheitswert
  - Implementierungskosten
  - Erfolgschancen
  - Gewinnpotenzial
  - Einfachheit
  - Marktpotenzial
  - Wert für Unternehmen
  - Imagegewinn
  - Akzeptanz (intern oder extern)
  - Nutzen für Kunden
  - Risiko etc.

- Zeichnen Sie eine Matrix und beschriften Sie die beiden Achsen mit zwei Ihrer Bewertungskriterien.

- Die Ausprägung des dritten Kriteriums wird anhand der Kreisgröße dargestellt.

7 Bewerten

Portfolioanalyse

Beispiel einer Portfolioanalyse:

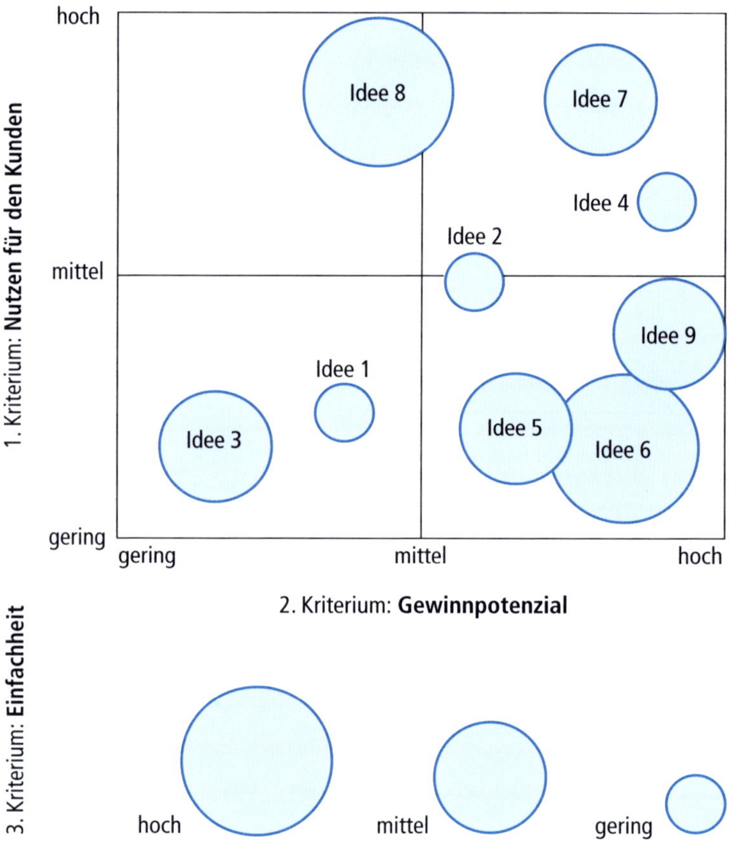

Phase Identifizieren

Dokumentieren

Aus den Augen, aus dem Sinn.

Johann Wolfgang von Goethe

8 Dokumentieren

Ziel des 8. Schrittes

Bewertete Ideen abbilden und dokumentieren.

Hinweise und Tipps

- Bewertete Ideen werden für das Management bzw. den Auftraggeber dokumentiert. Anhand der Dokumentation werden die Ideen anschließend priorisiert.
- Führen Sie in der Dokumentation der jeweiligen Idee alle relevanten Informationen auf, die bei der Entscheidungsfindung von Bedeutung sind.
- Eine schnelle und einfache Form der Dokumentation ist die Digitalfotografie. Fotografieren Sie Ihre Flipcharts und Pinnwände. Die Fotos können Sie elektronisch in die Dokumentation einfügen.
- Wenn Sie noch kein Bild oder Modell Ihrer Ideen angefertigt haben, dann tun Sie dies spätestens jetzt!

8 Dokumentieren

Skizze/Modell

Inhalt Ein Bild der Idee zeichnen oder ein Modell bauen.
Bilder und Modelle sagen mehr als Worte!

Hilfsmittel Diverse

Dauer Unbegrenzt

Vorgehen

- Zeichnen Sie eine Skizze Ihrer Idee. Versuchen Sie, die Hauptmerkmale klar aufzuzeigen.
- Bauen Sie ein Modell, um Ihre Idee zu verdeutlichen.
- Suchen Sie nach Beispielen ähnlicher bestehender Ideen und passen Sie diese an, bis sie Ihrer neuen Idee nahekommen.

8 Dokumentieren

Skizze/Modell

Überlegen Sie sich, wie Sie die Funktion des folgenden Gegenstandes beschreiben würden, wenn Sie kein Bild oder Modell zur Verfügung hätten.

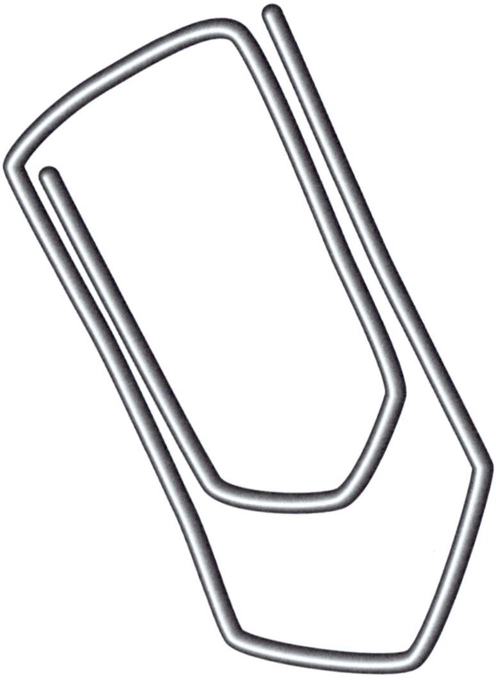

8 Dokumentieren

Ideensteckbrief

Inhalt Idee wird dokumentiert.

Hilfsmittel Computer

Dauer 20 – 60 Minuten pro Idee

Vorgehen

- Erstellen Sie für jede Idee einen kurzen Ideensteckbrief mit den folgenden Punkten:
  - Kurzbeschreibung
  - Nutzen und positive Aspekte
  - Risiken und negative Aspekte
  - Hintergrundinformationen
  - Fazit
  - Beilagen

Dafür sollten Sie nicht mehr als eine A4-Seite pro Idee benötigen. Ziel ist es, einem Außenstehenden die Idee verständlich zu machen.

8 Dokumentieren

Ideensteckbrief

Inhalt eines Ideensteckbriefes:

1. **Kurzbeschreibung**
   Fünf bis zehn prägnante Sätze zum Inhalt der Idee.

2. **Nutzen und positive Aspekte**
   Beschreibung der drei bis zehn wichtigsten Vorteile der Idee. Zeigen Sie auf, wer von dieser Idee profitiert.

3. **Risiken und negative Aspekte**
   Keine Idee ist perfekt. Führen Sie die verbleibenden negativen Aspekte auf und zeigen Sie, wie diese kompensiert werden könnten.

4. **Hintergrundinformationen**
   Hier können Sie die Haupterkenntnisse aus Marktstudien, Konkurrenzanalysen und Ihrer Bewertung anführen. Qualitative wie auch quantitative Aspekte sind gefragt.

5. **Fazit**
   Sagen Sie in zwei bis drei Sätzen, wie Sie die Idee einschätzen.

6. **Beilagen**
   Zeichnungen, Fotos, Modelle …
   Konkurrenzprodukte …
   Portfolioanalyse …

Priorisieren

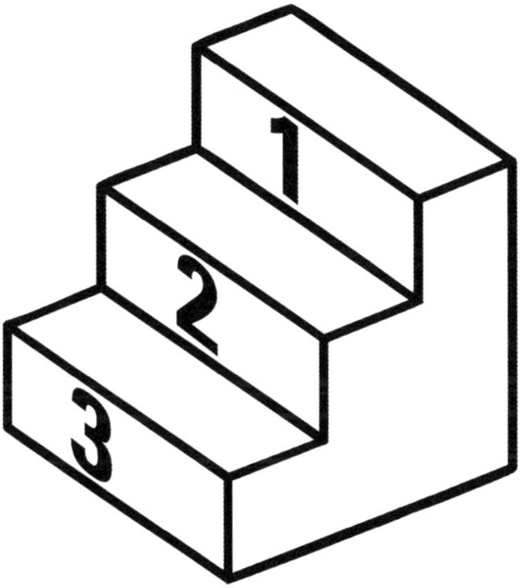

Nichts auf der Welt ist so kraftvoll
wie eine Idee, deren Zeit gekommen ist.
Victor Hugo

9 Priorisieren

Ziel des 9. Schrittes

Ideen in »sofort umsetzbare«, »mittelfristig umsetzbare« und »langfristig umsetzbare« gruppieren.

Hinweise und Tipps

- Die Priorisierung wird durch das Management bzw. den Auftraggeber unter Einbezug einzelner Teilnehmender der Phase »Öffnen« vorgenommen.

- Jede Idee wird zur Diskussion vorgelegt, bewertet und folgenden Ideengruppen zugeordnet:
  - Exzellent! – Sofort umsetzen.
  - Gut – Mittelfristig umsetzen.
  - Fragezeichen – Langfristig oder nicht umsetzen.

9 Priorisieren

Six Thinking Hats

Inhalt Die Diskussion wird strukturiert und das Thema aus verschiedenen Blickwinkeln betrachtet.

Hilfsmittel 6 farbige Karten

Dauer 20 – 60 Minuten

Vorgehen

- Erläutern Sie zu Beginn, dass jeder Hut einen bestimmten Blickwinkel darstellt.
- Der Moderator bestimmt, in welcher Reihenfolge die Hüte »aufgesetzt« werden. Das »Aufsetzen« ist bildlich zu verstehen.
- Die Reihenfolge der Hüte ist grundsätzlich frei wählbar. Es können auch Hüte ausgelassen werden. Beginnen und enden Sie jedoch mit dem blauen Hut.
- Die Ideen werden mit dem gelben und dem schwarzen Hut bewertet.

Six Thinking Hats

Die Bedeutung der Hüte:

Der weiße Hut steht für Objektivität und Neutralität. Hier zählen nur die reinen Fakten. Es werden alle Informationen und Daten gesammelt, ohne Emotionen und persönliche Meinungen zu äußern.

Der rote Hut steht für Emotionen und persönliche Meinungen. Hier können Sie alles ansprechen, was Sie bewegt, ohne dass Ihre Aussage gewertet wird.

Der schwarze Hut steht für die Sammlung aller negativen Aspekte. Es zählen alle sachlichen Argumente, die gegen ein Projekt sprechen.

Der gelbe Hut steht für die Sammlung aller positiven Aspekte, die für ein Projekt, eine Entscheidung, eine Idee oder ein Ziel sprechen.

Der grüne Hut steht für Kreativität. Hier sind alle Gedanken erlaubt, die über das hinausgehen, was bisher angedacht wurde, jedoch keine Wertungen.

Der blaue Hut steht für die Zusammenfassung der Ergebnisse und das Treffen von Entscheidungen. Der Moderator trägt den blauen Hut.

9 Priorisieren

Dot-mocracy (2)

Inhalt	Die besten Ideen auswählen.
Hilfsmittel	Pinnwand/Packpapier und Klebepunkte
Dauer	10 – 30 Minuten

Vorgehen

- Alle Teilnehmenden erhalten eine bestimmte Anzahl (drei bis sechs) Klebepunkte und verteilen diese auf ihre Favoriten. Nicht mehr als zwei Punkte pro Idee.
- Unterteilen Sie die dokumentierten Ideen anhand der Punktezahl in:
  - Exzellent — Ideen mit den meisten Punkten
  - Gut — Ideen mit Punkten
  - Fragezeichen — Ideen ohne Punkte
- Bei exzellenten Ideen wird die Umsetzung sofort in die Hand genommen. Siehe Schritt »Umsetzen«.
- Gute sowie Fragezeichen-Ideen werden zu einem späteren Zeitpunkt evaluiert. Siehe »Ideen-Recycling«.

Dot-mocracy (2)

Ideen priorisieren.

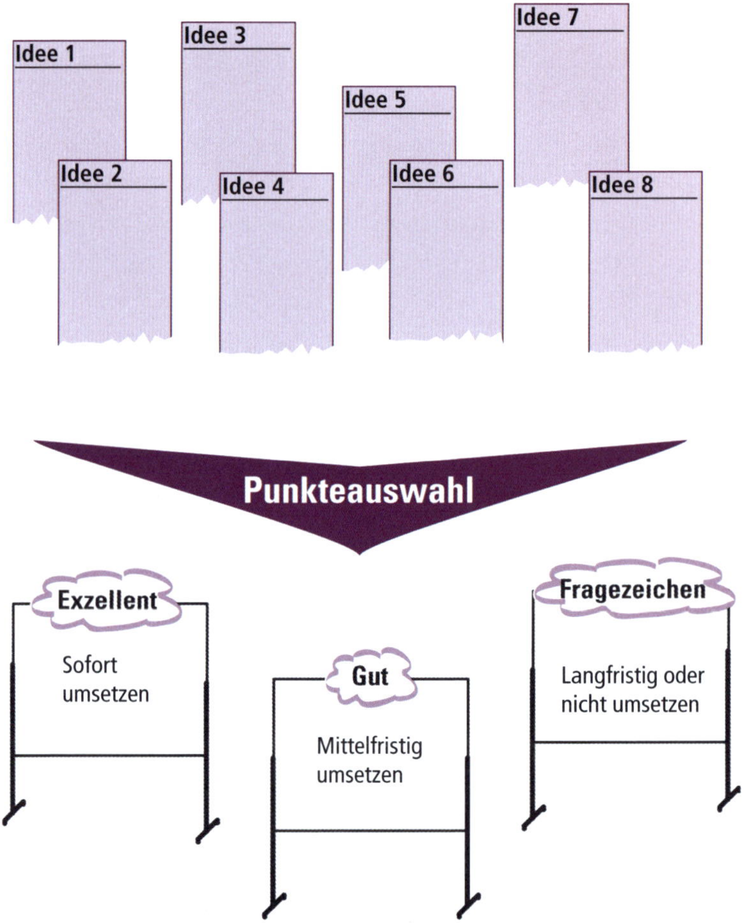

Phase Transformieren

Umsetzen

Eine Idee muss Wirklichkeit werden können oder sie ist eine eitle Seifenblase.

Berthold Auerbach

10 Umsetzen

Ziel des 10. Schrittes

Die besten Ideen in die Tat umsetzen.

Hinweise und Tipps

- Planen Sie die Umsetzung. Setzen Sie klare Meilensteine, bis wann Sie was erreicht haben wollen.
- Seien Sie sich bewusst, dass nun der härteste und längste Teil des ganzen Ideenprozesses bevorsteht.
- Seien Sie gefasst darauf, dass Ihre Ideen nicht überall auf Begeisterung stoßen werden. Suchen Sie nach Mitstreitern.
- Stellen Sie sicher, dass alle an der Umsetzung Beteiligten das gleiche Ziel vor Augen haben. Definieren Sie das Ziel schriftlich.

10 Umsetzen

Maßnahmenplan

Inhalt Erstellung eines Maßnahmenplans.
Ideen können nur umgesetzt werden, wenn klar definiert ist, wer für welchen Teil der Umsetzung verantwortlich ist.

Hilfsmittel Schreibpapier

Dauer 10 – 30 Minuten

Vorgehen

- Stellen Sie fest, was getan werden muss, um die Idee erfolgreich umzusetzen.
- Ordnen Sie die Maßnahmen in ihrem zeitlichen Ablauf. Was hängt voneinander ab? Was baut aufeinander auf?
- Tragen Sie die Maßnahmen in ihrer logischen Abfolge in einen Maßnahmenplan ein.
- Bestimmen Sie für jede Maßnahme eine verantwortliche Person.
- Terminieren Sie jede Maßnahme. Fragen Sie die verantwortliche Person, bis wann die Maßnahme umgesetzt werden kann.
- Kontrollieren Sie fortlaufend, ob die Termine eingehalten werden.

Maßnahmenplan

Vorlage eines Maßnahmenplans

Nr.	**Was?** Maßnahme	**Wer?** Ausführung	**Wann?** Termin	**Erledigt?**

10 Umsetzen

Ideenkommunikation

Inhalt Eine konsequente Ideenkommunikation schafft Akzeptanz. Ideen bedeuten Veränderungen und Veränderungen müssen kommuniziert werden.

Hilfsmittel Rundmails/Poster/Events …

Dauer Vor, während und nach der Umsetzung

Vorgehen

- Stellen Sie eine Liste aller Personen und Gruppen zusammen, die von der Idee tangiert sind.
- Stellen Sie fest, welche Personen und Gruppen Ihre Idee unterstützen bzw. nicht unterstützen.
- Erstellen Sie ein Kommunikationskonzept: Wie und wann wollen Sie die entsprechenden Gruppen von Ihrer Idee überzeugen?
- Setzen Sie Ihr Kommunikationskonzept konsequent um!

10 Umsetzen

Ideenkommunikation

Beispiel eines Kommunikationskonzeptes:

Zielgruppe Wen sprechen Sie an?	**Kommunikationsinhalte** Was sagen Sie?	**Instrument** Welche Kanäle benützen Sie?	**Verantwortlich**	**Termin**
Mitarbeiter/-in	Einführung des neuen Corporate Designs	Rundmail	z. B. Fr. Müller	31.03.
…	…	…	…	…

Wichtige Punkte für die Ideenkommunikation:

- Stellen Sie sicher, dass Sie alle involvierten Personen ansprechen.
- Wenn Sie die Idee nicht in drei Sätzen kommunizieren können, ist sie noch nicht reif für die Umsetzung.
- Zeigen Sie den Betroffenen auf, dass die Umsetzung der Idee notwendig und dringend ist. Zeigen Sie auch klar den Nutzen der Idee auf.
- Finden Sie Verbündete, die Ihre Idee unter die Leute bringen.
- Ziehen Sie Betroffene in die Umsetzung mit ein.

10 Umsetzen

Ideen-Recycling

Inhalt Recycling von Ideen.
Nicht umgesetzte Ideen sind eine wichtige Quelle für neue Ideen.

Hilfsmittel Alte Ideen

Dauer 10 – 30 Minuten

Vorgehen

- Nehmen Sie von Zeit zu Zeit die noch nicht umgesetzten Ideen aus den Abschnitten »Dot-mocracy (1)« und »Dot-mocracy (2)« zur Hand und gehen Sie diese durch.
- Sind alte Ideen heute umsetzbar?
- Kommen Sie auf neue Ideen?
- Lassen sich Ideen kombinieren?

10 Umsetzen

Ideen-Recycling

Literaturverzeichnis

Birkenbihl, V.: **Das neue Stroh im Kopf?** Vom Gehirn-Besitzer zum Gehirn-Benutzer. Offenbach, GABAL, 2004

Buzan, T.: **Das Mind-Map-Buch**. Die beste Methode zur Steigerung Ihres geistigen Potentials. Landsberg am Lech, mvg, 1997

De Bono, E.: **Serious creativity.** Die Entwicklung neuer Ideen durch die Kraft lateralen Denkens. Stuttgart, Schäffer-Poeschel, 1996

Eberle, B.: **Scamper.** Creative Games and Activities for Imagination Development. Waco, Texas, Prufrock Press, 1997

Harrington H.J.: **The Creativity Toolkit.** Provoking Creativity in Individuals and Organizations. Columbus OH, McGraw Hill, 1997

Higgins, J.M.: **101 Creative Problem Solving Techniques.** The Handbook of New Ideas for Business. New York, New Management Publishing Company, 1994, http://www.ibim.de/techniken

Kim, C. & Mauborgne, R.: **Knowing a winning business idea when you see one,** in: Harvard Business Review on Innovation, Sep/Oct 2000, S. 77–102

Luther, M. & Gründonner, J.: **Powertraining für kreatives Denken.** Paderborn, Junfermann Verlag, 1998

Michalko, M.: **Erfolgsgeheimnis Kreativität:** Was wir von Michelangelo, Einstein & Co. lernen können. Landsberg am Lech, mvg, 2001

Michalko, M.: **Thinkertoys: A handbook of business creativity.** Berkeley Ca, Ten Speed Press, 1991

Novak, A.: **Schöpferisch mit System.** Kreativitätstechniken nach Edward De Bono. Heidelberg, Sauer-Verlag, 2001

Warfield, J.N. et al.: **Methods of Idea management.** Columbus, Ohio, The Academy for Contemporary Problems, 1975, basierend auf: VanGundy, A.B.: Techniques of Structured Problem Solving, 2nd ed., in: Van Nostrand Reinhold, Technique 4.44, S. 155–157

Internetlinks

www.innovationtools.com
Gute Artikel und Links zum Thema Innovation

www.halfbakery.com
Sammlung von nicht ganz ernst zu nehmenden Ideen

www.mindtools.com
Auflistung verschiedenster Kreativitäts-, Lern- und Planungstechniken

www.mindjet.com
Mind-Mapping-Software

www.denkmotor.com
Website des Autors mit vielen Artikeln und Arbeitsvorlagen

Autor und Kontakt

Jiri Scherer (1970) studierte Betriebswirtschaft an der Hochschule für Wirtschaft (FH) in Luzern. Er besuchte den Entrepreneurship-Kurs am Babson College in Boston, das Innovationsseminar am Edward-de-Bono-Institut an der Universität Malta und absolvierte ein Nachdiplomstudium in Innovation Engineering an der Hochschule für Technik in Zürich. Er ist zertifizierter Trainer von De Bono Thinking Systems.

Jiri Scherer hat mehrjährige Erfahrung in der Moderation von Innovationsworkshops und dem Durchführen von Kreativitätsseminaren. Er ist Dozent bei verschiedenen Management-Weiterbildungsinstituten in der Schweiz, Deutschland und Österreich und Preisträger des »New Entrepreneurs in Technology and Science Awards« der Gebert Rüf Stiftung.

Er ist Gründungspartner der Denkmotor GmbH – Büro für strukturierte Kreativität und Innovation in Zürich.

Falls Sie Fragen oder Anregungen haben, können Sie den Autor erreichen unter:

jiri.scherer@denkmotor.com
www.denkmotor.com

GABAL

Management

Re-imagine
352 Seiten, gebunden
ISBN 978-3-89749-726-9

Der Halo-Effekt
273 Seiten, gebunden
ISBN 978-3-89749-789-4

Projekt Gold
384 Seiten, gebunden
ISBN 978-3-89749-797-9

Das Lust-Prinzip
208 Seiten, gebunden
ISBN 978-3-89749-790-0

JobSearch
216 Seiten, gebunden
ISBN 978-3-89749-791-7

Der Weg zum erfolgreichen Unternehmer
464 Seiten, gebunden
ISBN 978-3-89749-793-1

Business Book of Horror
232 Seiten, gebunden
ISBN 978-3-89749-844-0

Energize yourself!
280 Seiten, gebunden
ISBN 978-3-89749-848-8

Endlich Empfehlungen
250 Seiten, gebunden
ISBN 978-3-89749-845-7

Die Storytheater-Methode
360 Seiten, gebunden
ISBN 978-3-89749-849-5

Der Mann im weiblichen Jahrhundert
250 Seiten, gebunden
ISBN 978-3-89749-850-1

Die unternehmen was!
208 Seiten, gebunden
ISBN 978-3-89749-852-5

Informationen über weitere Titel unseres Verlagsprogrammes erhalten Sie in Ihrer Buchhandlung, unter **info@gabal-verlag.de** oder **www.gabal-verlag.de.**

8-068